陈皓 /著

异托邦

现代法治思想之光

HETEROTOPIA

图书在版编目(CIP)数据

异托邦:现代法治思想之光/陈皓著. —北京:北京大学出版社,2021.5
ISBN 978-7-301-32152-2

Ⅰ. ①异…　Ⅱ. ①陈…　Ⅲ. ①社会主义法治—建设—研究—中国
Ⅳ. ①D920.0

中国版本图书馆 CIP 数据核字(2021)第 076041 号

书　　名	异托邦:现代法治思想之光 YITUOBANG:XIANDAI FAZHI SIXIANG ZHIGUANG
著作责任者	陈　皓　著
责任编辑	郭薇薇
标准书号	ISBN 978-7-301-32152-2
出版发行	北京大学出版社
地　　址	北京市海淀区成府路 205 号　100871
网　　址	http://www.pup.cn
电子信箱	law@pup.pku.edu.cn
新浪微博	@北京大学出版社　@北大出版社法律图书
电　　话	邮购部 010-62752015　发行部 010-62750672 编辑部 010-62752027
印 刷 者	大厂回族自治县彩虹印刷有限公司
经 销 者	新华书店
	880 毫米×1230 毫米　A5　6.875 印张　149 千字 2021 年 5 月第 1 版　2021 年 5 月第 1 次印刷
定　　价	32.00 元

前　言

从2016年9月至今，“现代法学家论法治”系列文章已完成19篇。这些文章以世界学术名著的研读为基础，力图全面、准确地把握现代思想家的理论学说，以及其中的法治论说；探索不同人物、不同学术流派在现代社会法治背景下的同一关怀及对西方法律传统的回应；力求有深度并富于新意地阐发现代法治发展涉及的核心概念，如权利、权力、规则、平等、传统等；融合文史哲研究方法，写出自我对法学理论问题的体悟。现在，我把这些文章统合成一本书，把已经阅读和思考的现代法学家的言说，整体地呈现出来。

本书以人物研究为中心，有述有评，已完成的阅读与思考详述如下：

1. 研读拉德布鲁赫：《法学导论》《法哲学》《社会主义文化论》，写作《拉德布鲁赫：法对人的关心》，内容包括：（1）法的价值：秩序、正义与社会福祉；（2）法的研究对象：从行为、行为人到人；（3）以个体自由为内核的社会主义法治。

2. 研读韦伯：《经济与社会》《新教伦理与资本主义精神》《中国的宗教：儒教与道教》《罗雪尔与克尼斯：历史经济学的逻辑问题》，写作《韦伯：法治的理想型》，内容包括：（1）立法和司法中的形式理性；（2）以法为核心的官僚制；（3）参照系：传统东方社会的法文化；（4）"理想型"法治的隐忧。

3. 研读哈特：《法律的概念》，写作《哈特：为"法律就是法律"的辩护》，内容包括：（1）从规则理解法律的三个面向；（2）从规则理解稳定秩序的构建；（3）法秩序中的道德与正义问题。

4. 研读富勒：《法律的道德性》，写作《富勒：程序之治与交往理性》，内容包括：（1）良好秩序：法律内在道德与外在道德的一致与冲突；（2）两个故事：对富勒法治观点的误读与正解；（3）法治即"德"治？东西方的"道德"之辨。

5. 研读德沃金：《认真对待权利》《法律帝国》《原则问题》《至上的美德》《自由的法：对美国宪法的道德解读》《民主是可能的吗：新型政治辩论的诸原则》《刺猬的正义》《身披法袍的正义》《最高法院的阵形》《没有上帝的宗教》，写作《德沃金：法律的最佳论证》，内容包括：（1）实证的立场？NO!；（2）实用的立场？NO!；（3）法律的最佳论证。

6. 研读拉兹：《法律体系的概念》《实践理性与规范》《自由的道德》《权威、法律与道德》《价值、尊重和依系》，写作《拉兹：权利的"依系"与"独立"》，内容包括：（1）"法律并非孤立的片段"；（2）个体权利对"公共善"的依赖；（3）权利"依系"与"独立"的辨正。

7. 研读戴雪：《英宪精义》《19世纪的英国法律与社会观

念》，写作《戴雪：英国现代法治的自我生成》，内容包括：（1）从集权传统生成代议政治；（2）从司法过程生成个人权利的救济和保障；（3）从贵族特权生成民主政治。

8. 研读马里旦：《人和国家》《自然法：理论与实践的反思》，写作《马里旦：权力悖论与感性法治》，内容包括：（1）对公民为国效死的沉思；（2）对必要强制的沉思；（3）对理性之治的沉思。

9. 研读霍姆斯：《普通法》《法律的道路》以及霍姆斯经典判决意见书，写作《霍姆斯：司法说理的根据在于对法律的认知》，内容包括：（1）实证的分析：责任概念；（2）实用的分析：行为后果；（3）异议判决的现实、冷漠和价值。

10. 研读卢埃林：《普通法传统》，以及卢埃林主持起草的美国《统一商法典》，写作《卢埃林：规则之治的怀疑与确信》，内容包括：（1）法治的稳定取决于情理的恒常性；（2）真正的规则源于生活事实；（3）法律现实主义对理性主义的颠覆与延续。

11. 研读菲尼斯：《自然法与自然权利》《法律的自然法理论》，写作《菲尼斯：正义之治的客观叙事》，内容包括：（1）正义的“看见”和“证明”；（2）正义内涵和价值共识；（3）正义的法律化；（4）古典正义理论的复兴与调和。

12. 研读施塔姆勒：《正义法的理论》《现代法学之根本趋势》，写作《施塔姆勒：正义法对形式法的矫正》，内容包括：（1）“邻人”的义务和权利；（2）合同中的字句与真意；（3）服务于“合约目的”的“形式”；（4）“善”的法律表达。

13. 研读哈耶克：《通往奴役之路》《致命的自负》《自由

宪章》《法律、立法与自由》，写作《哈耶克：法治与自由》，内容包括：（1）自发秩序中的“不自觉”与“不自由”；（2）自由竞争与抽象规则；（3）自由主义如何促进平等。

14. 研读埃利希：《法律社会学基本原理》，写作《埃利希：法律强制与活法之治》，内容包括：（1）法律规则与社会凝聚；（2）法律规则的社会属性；（3）法律规则对社会事实的改造。

15. 研读马林诺夫斯基：《西太平洋上的航海者》《原始社会的犯罪与习俗》《野蛮人的性生活》《巫术科学宗教与神话》《自由与文明》《一本严格意义上的日记》，写作《马林诺夫斯基：原始法文化与现代文明的碰撞》，内容包括：（1）现代法治中“经济人”的假定与土著人对利益的态度；（2）现代社会的中央集权与无主权状态下的强制；（3）文化语境中的人与自由。

16. 研读涂尔干：《社会学方法的准则》《乱伦禁忌及其起源》《论宗教现象的定义》《现时代的宗教情感》《社会学》《社会学与社会科学》《夫妻家庭》《孟德斯鸠与卢梭》《社会分工论》《职业伦理与公民道德》《宗教生活的基本形式》《教育思想的演进：法国中等教育的形成与发展讲稿》，写作《涂尔干：社会规范的神圣性本源》，内容包括：（1）失范与规范；（2）敬意的复兴；（3）法与教化。

17. 研读福柯：《规训与惩罚：监狱的诞生》《疯癫与文明：理性时代的疯癫史》《词与物：人文科学的考古学》《知识考古学》《大师之声：福柯对话》《性经验史》，写作《福柯：权力与自由》，内容包括：（1）人道与作为客体的异己；（2）显现的和隐秘的权力主体；（3）理性的统治与真正的自由。

18. 研读弗兰克：《初审法院：美国司法中的神话与现实》，写作《弗兰克：司法审判中的人格因素》，内容包括：（1）那些被“讲述”和“认定”的法律事实；（2）以理性之名的司法审判；（3）原因分析与建议：司法过程中的确定感。

19. 研读昂格尔：《现代社会中的法律》，写作《昂格尔：预言法治的未来》，内容包括：（1）作为特殊历史现象的法治；（2）西方法治的理想与现实；（3）后自由主义时代法治的衰落。

另一方面，本书以人物研究为基础，阐释法学家们对同一法治命题的思考，主要涉及如下主题：

第一，对“法治即规则之治”的思考。法律规则与法治的联系，源于韦伯。他在探寻西方法治的独特性的时候，区分四类法律形式，认为唯有体现“形式理性”的西方法才能发展出法治这一独特社会现象。形式理性在立法层面体现为追求一种具有普遍性、明确性、肯定性的法律体系，在司法裁判中体现为三段论的要求，以法规范为核心的理性的统治是最纯粹的法制类型，即官僚制。由法律规则构建的形式理性，确保了法的安定性和社会秩序，然而在极端的设想中，法治的形式理性导向秩序的机械化。不仅如此，如“怨毒告密者”“逃兵杀人”等战后的司法难题指出，维护或挑战法的秩序和安定、符合或违反法的形式理性，并不足以判定正义或非正义。施塔姆勒在大量的司法案例分析过程中强调正义法对形式法的矫正；通过法律程序而不是固守法律规则，富勒阐发其“法律的道德性”主张；在与富勒的对话中，哈特也修正了早期规则之治的观点，承认法律中最低限度的道德的要求；后来的学者卢埃林、弗兰克亦认为，法律规则并不具有确定性，法律的形式理性其实并不必然导向秩序，法官的行为才是法律的核心；与现实主义法学观点一致，昂格尔、肯尼迪均认可法治形式理性在现代社会的衰落，法治的“规则”表征，转向“标准、原则或者政策”，从关注形式公正转向关心实质公正。司法过程对实质正义诉求的关心，并不意味着对法律理性和法律规则无原则的放弃，法学家们均表达了在形式理性框架内逐渐容纳实质正义诉求的一致看法，如德沃金对法律原则的解说、“拉德布鲁赫公式”以及霍姆斯、沃伦等美国大法官的司法实践等。

第二，对“法治即权利之治”的思考。战后垄断资本阶段，城市化、工业化高速发展，法律被要求发挥出更为积极的作用。如约瑟夫·科勒认为法律必须进化以适应文明进程；耶林认为法律是保护社会利益的工具；庞德指出传统法治的目的在于保护个体权利，而现代法治的目的转向对社会整体的关注。一系列司法实践表明了同样的正义观念。1914 年，一家农场主因市政开发，街道级别变化，泄洪道被毁，致使农田被洪水淹没，因而状告市政当局与多家铁路公司。卡多佐基于社会效果的考虑，将正义的天平偏向了代表城市利益的被告。①法治的目的在于分配还是在于矫正？应当关注个案当事人的权利还是通过此案实现最良好的社会效果？道德学者如罗尔斯、德沃金、爱泼斯坦等，提出了与司法实用主义者不同的看法。社会本位的法治观念不仅与西方社会在现代的经济发展相关，

① Gibson Howard v. The City of Buffalo，211N. Y. 241，105N. E. 426（1914）.

而且受到社会主义思潮和制度的影响。如拉德布鲁赫提出的以个人自由为内核的社会主义法治理念，亦如约瑟夫·拉兹提出的“共同善”的理念。然而，法学家们对个人主义的反思并没有导向完全的集体主义，而是开始强调在社会关系维度中去理解“自我”的概念，强调个体与社会更为积极的互动而非孤立隔绝的关系。

第三，对现代法治与一国文化传统融合的思考。（1）现代法治与政治传统的对话。如戴雪论述英国现代法治与传统政治制度、宪法实践的融合。（2）现代法治与非西方法文化的对话。如施特劳斯、马林诺夫斯基等学者建立的非西方法域参照系。（3）现代法治与道德或宗教传统的对话。如马里旦将人格权的根源归之于上帝的论述，伯尔曼从西方基督教传统角度对现代法治危机的论述，以及关于堕胎合法化、同性恋合法化等司法案件中涉及的宗教传统与现代法治的调和。（4）现代法治与资本主义经济传统的对话。主要涉及经济领域的左派和右派思想对现代法治发展的不同理解。左派法学家如弗里德曼、施瓦茨、霍维茨，探讨现代法治中的不平等关系，对自由资本主义法治持批判态度；而哈耶克则提出人类社会发展的动力在于自发秩序而非人为，市场经济是自由最有力的保障。

基于对西方现代法学家法治理论的研读，现代法治思想的一般趋势可概括为：西方法学家们对现代法治建基于理性和个人主义的质疑，以及探寻法律规则与法律原则、形式理性与实质正义的中道，探寻现代法治与国家政治传统、文化传统与基督教因素的融合。

因为本书的主要工作在于阅读原典以发现思想共识，所以以人物思想为核心的研读是整个研究前期最基础、最重要的部分。对于法治论说的重述，需要还原到对法学家全部著述的阅读和理解。目前已完成的部分，正是基于这样的态度进行的。在此基础上形成的对思想共识的三个方面的概括，确信比较准确、客观。然而，对现代法学家法治理论的阅读和理解远未完成，至少还应包括卢曼、肯尼迪、波斯纳、庞德、哈贝马斯等重要法学家们的法治论说，并且还应当发掘那些尚未引介到国内的现代法学家们的相关论说。更重要的是，对于经典的解读是无尽的。随着阅读和思考的推进，目前暂时形成的观点和理解，相信很可能会进一步得以修正和深化。

本书书名中的“异托邦”一词，是福柯的原创。它是如此恰当地总结了柏拉图两个世界的思想。我很喜欢这个词。理论学说是相对于社会实践的异托邦，西方法治亦是相对于东方社会的异托邦。三年来，与这些伟大思想相伴，读书和写作同样为我构建了另一空间。思考的过程是美妙的，苦涩却甘醇。专注，让一切纷纷扰扰灰飞烟灭，在安静的空气里，获得倾听的感觉。

目录
CONTENTS

拉德布鲁赫

法对人的关心

古斯塔夫·拉德布鲁赫（Gustav Radbruch），1878—1949，德国法学家，曾任海德堡大学法学教授，著有《法学导论》《法哲学》《社会主义文化论》等。

1903年，拉德布鲁赫在海德堡大学获得法学教职，授课期间，写成了《法学导论》。正是这本书使得年轻的拉德布鲁赫声名鹊起。《法学导论》集中表达了拉德布鲁赫法学理论的主要观点。20 年后，他的具有总结意义的《法哲学》，也正是在这本著作的基础上进行的扩充和修改。

一、法的价值：秩序、正义与社会福祉

拉德布鲁赫认为，法治是一种文化现象，应当从价值的角度加以理解。法治具有三个维度的价值：秩序、正义以及合乎社会福祉。法治的秩序价值，拉德布鲁赫称之为“法律安全”（Rechtsicherheit）。法治的正义价值，意味着人权、平等。第三种价值，原为“合目的性”，包括三种类别的目的——个人主义国家观，强调个人的自由价值；超个人主义国家观，强调国家的整体价值；超人格社会观（社会主义国家观），强调共同劳动、协作分工构成的共同体价值。三类“合目的性”，统称为“社会福祉”，作为特定社会文化现象的法治应当合乎相对应的国家目的。

对于这三种价值的关系，确切地说，是秩序和正义的关系，拉德布鲁赫早期理论和晚期理论有不同的倾向。在《法学导论》中，拉德布鲁赫认为，法治的首要价值是秩序，安全的价值优于正义的价值。合法性也是一种道德价值，即使是就一项不公正的法律而言……强调公正对法律安全的无条件的优先，摒弃制定法和立法的权力，会导致无政府主义的立场，这种无政府主义会就每一种具体情况因其截然对立的信念而给出截然不同的法律观。因此，就法官来说，他们仅仅要问什么是

合法的，而从不问它是否公正。[①] 拉德布鲁赫强调法官对法律的绝对服从，这种观点源自孟德斯鸠的三权分立的理论，法律将法官从国家权力的影响中解脱出来，与行政分立。

第二次世界大战期间德国的纳粹专制及其罪行，促使拉德布鲁赫重新思考秩序与公正的关系。拉德布鲁赫认为，法律的实证主义观念使法学人士和整个民族都丧失了抵抗专制、残暴、罪恶法律的能力，法律应当有追求正义的意愿。在《法哲学》中，他引述罗马法《学说汇纂》中的观点，“法律源于正义就如同源于它的母亲一样”，提升了正义在法治中的价值位置。[②]

应当注意的是，拉德布鲁赫的自我修正，即对正义价值的提升，并不意味着秩序价值的降低。在他晚期被誉为 20 世纪最有影响力的文章《法律的不公正和超越法律的公正》中，拉德布鲁赫讲述了这样两个真实的故事。

第一个故事，告密者难题。被告是纳粹时期的一名法官，他曾告发一位商人，指证其在厕所里留下的字迹：“希特勒是屠杀者，并对战争负有罪责。”被告发的商人因此被判决处死。战后审理过程中，被告辩称，他告发别人，完全出自对民族国家的信仰。那么，这里的法律问题是，出于民族国家信仰的告密行为是违法行为吗？

第二个故事，逃兵杀人。一个在集中营看管在押战俘的士

---

① 〔德〕拉德布鲁赫：《法学导论》，米健译，商务印书馆 2013 年版，第 40 页。

② 〔德〕拉德布鲁赫：《法哲学》，王朴译，法律出版社 2013 年版，第 35 页。

兵，因为反感希特勒军队对战俘的非人虐待，逃跑了。他在家中被发现并被巡警抓获，在押解中，他趁巡警不备，夺取配枪，从背后射杀了该巡警。1945 年他从瑞士回到德国，被逮捕。审理中遇到了同样的法律难题，这名士兵的逃脱和杀人行为应当受到法律制裁吗？

如果告密致死的行为是违法的，如果士兵逃脱和杀人行为是情有可原的，那么，这是不是同时意味着否定了纳粹时期所有法律的有效性？

对于战后此类现实的"正义与法的安定性之间的冲突"，拉德布鲁赫提出了自己的看法。后人称之为"拉德布鲁赫公式"：

> 正义和法的安定性之间的冲突可以这样解决：实证的、由法令和国家权力保障的法律有优先地位，即使在内容上是不正义或者不合目的性的，除非实证法与正义之间的矛盾达到了一个如此令人难以忍受的程度，以至于作为"不正当法"的法律则必须向正义屈服。我们不可能在法律不公正的情况与尽管内容不正当但仍然有效的法律之间划出一条清楚明确的界限，但最大限度明晰地作出另外一种划界还是有可能的：凡正义根本不被追求的地方，凡构成正义之核心的平等在实在法制定过程中有意地不被承认的地方，法律不仅仅是"非正确法"，它甚至根本上就缺乏法的性质。①

① 〔德〕拉德布鲁赫：《法律的不法与超法律的法》，舒国滢译，载雷磊编：《拉德布鲁赫公式》，中国政法大学出版社 2015 年版，第 10 页。

根据拉德布鲁赫的观点，否决纳粹法律的效力不仅仅涉及正义的问题，而且涉及法律的安定性。恶法非法，但不能用“恶法”概念简单、一概否定全部的旧法效力。溯及既往的法律违背了法治的要求，对战后法律问题的处理，应当尽可能在形式理性的框架内进行论证。秩序仍然具有优先地位，但实在法确立的秩序必须符合最低限度的正义要求。

二、法的研究对象：从“行为”“行为人”到“人”

拉德布鲁赫认为，法的研究对象应当是“人”，而非“行为”或“行为人”。从“人”的角度理解法律的精神，这是拉德布鲁赫的创见。

个人主义经济观念，以及与所有权联系的契约自由，构成了资本主义制度的法律基础。拉德布鲁赫评论说，个人主义的私法，专为自私和聪明的人所设置，个人主义私法中人的形象，是商人的形象。它将劳动力仅仅视为可以交换的“物”，它仅仅关注“契约行为”，这种观念遮蔽了作为弱势群体存在的劳动者、雇员，遮蔽了严重的经济斗争，遮蔽了法律造成的对经济力量弱小者的欺凌。

在私法领域，现代法律的视角从同质的人、强者转向特定身份的人、弱势的人；从两者之间的法律关系转向契约关系之外的第三人和公众；在公法领域，特别是刑法，拉德布鲁赫提出，应抛弃超个人主义的权威思想，抛弃报复、威吓思想，抛弃社会保护、教育的思想，而应当给予被公权力追诉者最大限度的关心。

这种关心体现为刑法对犯罪行为和犯罪人的“宽恕”——给“机会犯”以警告；给具有矫正能力的“状态犯”以矫正；使不可矫正的状态犯不再为害。拉德布鲁赫在其论著中，并在担任国家司法部长期间以法律草案的方式，提出刑法改革方案：避免自由刑，尽可能对被告不起诉或者免于刑事处分；通过罚金刑代替自由刑（当然，还无法克服它的富人统治的本质）；对通过缓刑期的或者在缓刑期间表现良好的罪犯，免于刑罚；废除死刑、名誉刑。

拉德布鲁赫解释说，刑罚对犯罪和犯罪人的极大的宽缓，原因在于法律对“人”的关心：威吓刑法针对行为，教育刑法针对行为人，新刑法只关注“人”——

> 只存在着人的生命的流动整体，而根本不存在他的单个行为。生命和人是如此难以由个别行为构成，如同海洋并非由海浪构成一样。它们是一个整体，是一个不可分割的整体中的单个行为交织在一起的运动。
>
> 今天的刑法，不仅用来对抗犯罪人，更是用来照顾犯罪人。它的目的不仅是要设立国家在刑罚上的权力，而且要限制国家在刑法上的权力；它不仅是可罚性的渊源，而且是可罚性的限度。它不仅要保护国家免遭罪犯侵害，而且要保护“罪犯”免遭国家侵害；它不仅要保护公民免遭犯罪人侵害，而且要保护公民免遭检察官侵害。
>
> 如歌德在“马哈德，大地之主”（Mahadöh，dem Herrn der Erde）所说——他应惩罚，他应宽恕，他必须

以人性度人。[①]

在诉讼领域，拉德布鲁赫反对纠问（调查）程序，反对法定证据理论，主张交叉询问制度。整个举证，尤其对证人的询问，由当事人自由进行，使嫌犯不再是提供对自己有罪证明的客体，而转变为诉讼主体。拉德布鲁赫批评仅仅根据预审法官的卷宗，便对从未见过面的被告人作出判决的预审程序卷宗制度。他主张司法公开，尤其主张新闻和议会对司法的监督，他认为司法公开不仅仅为了监督，更为了通过公开使得民众参与法律生活，产生对法律的信任。他主张性别平等，在他当政期间，允许所有的法律职业向女性开放。

三、以个体自由为内核的社会主义法治

拉德布鲁赫经历过两次世界大战，战争经历给拉德布鲁赫的生活和思想带来巨大冲击和深刻影响——战争给拉德布鲁赫带来了荣誉（他曾参加过第一次世界大战，获得过铁十字勋章和汉萨勋章，并因妥善解决卡普暴乱成为议会议员候选人，继而两度担任司法部长），也带来了伤痛（他的儿子在第二次世界大战中战死，他的挚友们在奥斯威辛集中营被杀害，他本人被纳粹政府强制解职，从 1933 年到 1945 年，长达 12 年之久）。更重要的是，战争经历使拉德布鲁赫强化了他年少时受到路德新教和古典的人本主义熏陶所留下的崇尚爱和美德的印记。

---

① 〔德〕拉德布鲁赫：《法学导论》，米健译，商务印书馆 2013 年版，第 132、141、145 页。

拉德布鲁赫的社会主义理论没有任何教条，而只是一种朴素的情感。他说，在一战期间，从军官和士兵的关系中理解了“团结”；理解了歌德所说“被称作底层的人们在上帝面前却是至尊的”，意识到他的生活要比别人好得多，学会了认识和热爱人民。

社会主义国家建立在“共同体”的基础上，这种共同体，拉德布鲁赫解释说，不是一种人与人的直接关系，而是人通过共同的使命而实现的一种结合，一种共同劳动、共同成就的结合。劳动热情、共同意念、同志关系，是共同体的全部思想内涵，而其中同志关系最为重要。“同志关系”的最高形式是“同道”，它不似友情以共同个性作为联结，而是基于共同的事业、共同的责任。

拉德布鲁赫认为，社会主义的法治，是建立在个人自由基础上的共同体的法治。拉德布鲁赫特别强调共同体中的“个体自由”——

> 我们所要的是法治国家中人的自由而不是任何专政，是科学的自由而不是教条的强制；新闻自由包括党派新闻自由，我们肯定个人主义的种种自由，因为社会主义必然承载个人主义。个性在共同体之中，共同体在劳动的成就之中。永远都不可以再说，你什么都不是，你的人民才是一切（Du bist nichts，dein Volk ist alles）。社会主义应当具有个人主义的内核。这是第三帝国、民族社会主义的

教训。[①]

拉德布鲁赫对法律价值的探寻，对劳动者、女性、罪犯等群体的关心，对战争的否定和对和平以及对社会主义的信奉，无不弥散着基督教的爱的色彩。在其晚年，这种宗教情绪更加强烈。在《社会主义文化论》中，他这样类比社会主义和基督教的关系：基督教同社会主义一样，源于穷人和被压迫民众的运动，相信穷人与富人对立的使命，主张平等的思想。基督教和社会主义并没有实质的区分，它们都是爱人的职业，都为着更加人性的世界。从爱的角度去理解法律，理解社会主义，拉德布鲁赫的言论是否给东方社会的我们带来了共振？

---

① 〔德〕拉德布鲁赫：《社会主义文化论》，米健译，法律出版社 2006 年版，第 140—141 页。

韦伯

法治的“理想型”

马克斯·韦伯（Max Weber），1864—1920，德国思想家，现代社会学奠基人，著有《经济与社会》《新教伦理与资本主义精神》《儒教与道教》等。这里所说的社会学，乃广义上的、相对于自然科学的社会科学，主要涉及对法律、道德、宗教诸社会规范的研究。

一个念头想到极致就是理想，一种现象抽象到极致就是类型。分类帮助我们认识世界，虽然类型中的世界并不是真实世界本身，但它源自真实。马克斯·韦伯是社会学领域善于分类研究的大师。他对人类历史和社会现象重新分类，创建了诸多具有影响力的概念，这些类别和概念就是他所称的“理想型”。马克斯·韦伯将人类历史和社会现象类型化，为的是认识自身，认识他所身处的西方社会、西方文明。通过对世界历史和社会问题诸类别的比较分析，韦伯获得了关于“现代西方文明之特殊性”的认识：现代文明有别于古代文明，西方文明有别于亚洲文明。而其中，有关法和法治的思考从属于他对西方社会、西方文明的研究和解说。

一、立法和司法中的“形式理性”

“现代西方文明之特殊性”的认识被认为是马克斯·韦伯最重要的发现之一。而这个发现，缘起于韦伯在1902年——也就是他由于不可思议的病症造成的持续精神危机过后的那一年——所参与的学术界关于“自然主义”与“人文科学”的争论。韦伯在《罗雪尔与克尼斯：历史经济学的逻辑问题》一文中表达了自己的看法，他认为，自然科学研究各类现象的同质性，从而获得普遍性的概念与法则；而人文社会科学研究不是这样，人文社会科学的理论思考不是要像自然科学那样得出一般概念，而是通过研究具体事件和特殊对象，获得对其意义的“理解”和对其因果关系的“解释”。正是这个立场，使韦伯从最初对宗教与经济之间一般关系的研究，聚焦到西方文明特殊性的问题。

韦伯发现，现代西方文明，相对于古代文明和亚洲文明的特殊性，在于其经济行动、社会秩序乃至精神生活都受到一种条理化思维的牵引——

> 只有现代的西方社会，产生了可以检验真理的理性科学，产生了理性的和声音乐、造型艺术，产生了具备法人性格的城市共同体，产生了理性的簿记、理性的企业、理性的经济伦理，以及对现代生活具有极大决定意义的资本主义力量；同样的，也只有现代西方社会，出现了由具备专业素养的官员、专家、议会组织构成的政治机构，以宪法为核心的成文法体系以及具有所谓“形式理性”特征的司法过程。①

在韦伯看来，西方法律发展的历史是法律理性的发展历史。他用法律理性去认识各种法律现象，如法律的比较研究、法典编纂、自然法的发展、罗马法的继受，等等。无论是类型学还是历史文献，都涵盖在理性的演进之中；无论是社会的发展、宗教的发展，还是法的发展，都趋向一种“理性的命运”。

然而，在历史和社会现象中理解法律、东西方法文化的比较，以及通过理性解读法律的发展，这些都不是韦伯的创见。从社会关系的角度理解法律的意义，这种研究视角源自孟德斯鸠；东西方法文化的比较，梅因、黑格尔已有论述；将法律看作理性的凝结，可以追溯到古希腊思想家柏拉图的《法律篇》。韦伯关于“理性”的原创性认识，在于他对“理性”概念在法律领域的发展，即在与传统东方法律文明的比较中，创造理性

---

① 〔德〕韦伯：《韦伯作品集 XII 新教伦理与资本主义精神》，康乐、简惠美译，广西师范大学出版社 2007 年版，前言。

的四种类型。东方传统法律制度之中也存在理性，然而这种理性与西方社会法治概念中的理性不同，前者为“实质理性”“实质非理性”或“形式非理性”，后者为“形式理性”。两者的区别，首先在于司法裁判中的根据。

在实质理性类型中，法官裁判的依据，不是经由抽象逻辑概念分析得来规则和原则，而是伦理、功利或其他目的取向的规则，比如儒家学说、宗教戒律；在实质非理性类型中，法官裁判的根据诉诸伦理、感情、政治等价值判断，比如基于当事人的眼泪或控诉产生的同情；在形式非理性类型中，法官裁判时使用理智所能控制之外的手段，比如占卜、求签。

相形之下，形式理性在立法层面体现为追求一种具有普遍性、明确性、肯定性的法律体系，具体表现为成文法的“通则化”和“体系化”。“通则化”是把决定个案的各种典型理由化约成一个或数个原则，即产生法命题；“体系化”是将所有通过分析而得的法命题加以整合，使之成为相互间逻辑清晰、不会自相矛盾，尤其是原则上没有漏洞的规则体系。形式理性在司法裁判中体现为“三段论”的要求，法律根据作为大前提，从生活事实中分离出的法律事实作为小前提，针对法律事实，法官寻找法律根据，继而作出法律决定。

二、以法为核心的“官僚制”

从社会组织结构的角度，韦伯将人类历史和社会中秩序概括为三种类型：法制型，基于法的统治；传统型，基于传统权威和家长的统治；卡里斯玛型，基于英雄人物的统治。相形之下，法制型的独特性在于，个人所“服从”的，只在于依法制定的、客观的、非个性的秩序本身；支配者自身也得服从一套无私的法令和程序，他的决定和对下属的命令都受到这项秩序的指引。

这样一种秩序的主体，韦伯称之为“机关”；机关内部的组织，韦伯称之为“科层制”；最纯粹的法制型，韦伯称之为“官僚制”。从韦伯对官僚制行为模式的描述中，我们可以清楚地看到，这样一套行为模式中“法”的核心地位——

> 职位的获得源于合同，人员的选择根据其专业资格，由考试或证明技术资格的学位证书加以检定；职位的权限都由法律明确规定，并以清楚界定的职位阶层制度组织起来；货币形式的固定薪资报酬；升迁根据年资与业绩，或者两者一起决定；官员与行政工具的所有权完全分离；办理公事时，必须遵从组织严格、有系统的纪律和控制，在职者某些必要的权力，由法律加以明确，特别是有关权力的“强制手段”以及强制手段的限制；行政措施、决议和命令都以文字的形式提出并记录……①

韦伯认为，这种根基于“法”的统治模式，即一元化领导的官僚制，明确、稳定、纪律严明、可依赖、有预期，是非常高效率的，因为，相对于建立在个人权威的信仰和服从基础上

---

① 〔德〕韦伯：《韦伯作品集 III 支配社会学》，康乐、简惠美译，广西师范大学出版社 2007 年版，“第二章 官僚制支配的本质、前提条件及其开展”。

的传统型统治和卡里斯玛统治，法制的统治是最为理性的统治。建立在法秩序之上的官僚制度，不单是现代西方国家的政治形态，而且渗入到现代西方社会的各种组织领域，教会、军队、政党、公司、基金会、俱乐部，等等。并且，韦伯认为，社会主义比资本主义可能需要更高程度的形式官僚化。

三、参照系：传统东方社会的法文化

立法和司法中的形式理性，以法为核心的官僚制，构成了西方的法现象的独特性。为什么作为独特历史和社会现象的法治首先产生于西方？韦伯认为，其原因是多方面的：罗马法非凡的分析性格及其传统、自然法观念、专门的法教育（特别是近代的理性法学教育）、城市自由的空气催生了民主、王权和地方权力的消长，影响了法人概念的实践，等等。

相对的，韦伯认为，传统东方社会不能够产生这种特殊法现象的首要原因，在于东方社会的政治结构，君主家产制的国家形式。这种国家形式建立在“个人和传统的权威”之上，因此法律不能够限制权力。法律的制定和发现带有行政的性格，于是，当面临法律的形式主义与实质需求的主张产生矛盾的时候，君主家产制的支配者不愿意受到任何形式的限制，即使是他们自己制定的规则。加之制度中充满了“人”的因素，比如在职务晋升过程中，卖官鬻爵、任人唯亲、皇帝任命等现象的长期存在或者反复出现，又由于地域广大、交通不便、中央对地方财政欠缺了解以及三年一调等制度设置，胥吏弄权等等原因，精确而统一的官僚制管理从没有真正建立起来——

> 我们经常发现廷臣与地方官吏行为的不确定，支配者与仆人之间关系的变幻莫测。一个人如果能熟练利用既存的环境与人际关系，很有可能取得一个拥有无穷获利机会的特权地位。
>
> 家产制官吏的职务忠诚不是对“事”，而是对“人”，是一种婢仆的忠诚。
>
> 在家产制支配下，只有达官贵人才有迅速致富的机会。官员积累财富的源泉，并非来自交易的营利所得，而是来自对子民租税能力的榨取。为了让支配者及其官吏执行职务，子民必须贿赂。①

传统东方社会不能够产生法治的另一原因，在于人文教育和现实主义的儒教观念。普遍而唯一的人文教育造成政治制度中官员专业知识的缺乏；而儒教现世主义的顺应态度造成士人缺乏西方自然法观念的对现实的思辨。西方的新教伦理冲破了氏族的纽带，建立起信仰的共同体，将一切都客观化，转化为理性的企业和纯客观的商务关系，用理性的法律与协约取代传统；而东方的传统观念力图将个人一再地从内心上与一个团体（氏族）联系在一起，没有个人意识，也不能产生真正的社团。

---

① 〔德〕韦伯：《韦伯作品集 III 支配社会学》，康乐、简惠美译，广西师范大学出版社 2007 年版，第 240、134、239 页。

四、“理想型”法治的隐忧

以法为核心的现代官僚体系的发展，极大促进了身份平等的观念和现实——然而，如韦伯所说，一个观念在它的流行过程中总是会到处与它的原始意义背道而驰，最后走向自我毁灭——官僚制支配结构有助于促进一种理性主义的生活方式，但一旦成立，其客观上便具有了非人格性和永续性。一切秩序都日益依赖档案与官僚纪律，摒弃了“人”的因素建立起来的“法”的统治，使得人成为官僚机器不断运转中的一颗颗小齿轮，遵照模式而行为，因此也丧失了人之行为和思想的自由。在这样一种极端的设想中，法的统治被韦伯悲观地理解为“理性的铁笼”。

司法过程中的形式理性，原初的目的在于限制国家权力，保障公民权利。一如贝卡里亚在《论犯罪与刑罚》中提出的：刑法的罪刑法定，法官只是严格适用法律，不能创造法律①。然而，在极端严苛的“形式理性”的设想中，韦伯的“自动售货机”的比喻成为法官机械适用法律的经典形象。

韦伯辞世后，他的观点和论说首先在英语世界，而后在20世纪60年代的联邦德国，在20世纪80年代受儒家影响的亚洲地区，得到强烈的反响和热烈的讨论。历史也验证了韦伯关于“形式理性”“官僚制”的反思和洞见，进入20世纪福利

① 〔意〕贝卡里亚：《论犯罪与刑罚》，黄风译，北京大学出版社2014年版，第16页。

国家的时代，法治的根据从成文法规范、规则，转向“标准、原则或者政策”，部分地以目的、社会价值来衡量法律事实。

当然，这其中也伴随着对韦伯论述历史细节或结论的质疑和争论，特别是中国学者在韦伯的类型学思路中对中国法性质的思考，诸如理性或非理性、可预期或不可预期等问题的分歧。“没有争议，就没有韦伯”。韦伯自言，学术不是艺术，不能不朽，过时和被超越是它的命运。然而，当作为特殊历史和社会现象的“西方法治”已经成为世界范围内研究的普遍命题，当我们已经并仍然生活在这样一个理智的、脱魅的时代，韦伯关于法治的论说就仍然具有重读的价值。

哈特

为“法律就是法律”的辩护

H. L. A. 哈特（Herbert Lionel Adolphus Hart），1907—1992，英国法学家，新分析实证主义法学的开创者，著有《法律的概念》等。

一、从规则理解法治的三个面向

思想家是“少数人中的少数”。那些少数人的著述称为“经典”，它们被重复，也经得起重复。后人对经典的态度、对思想家的态度，更多是把它们作为一种“源泉”，努力地去理解，不断地去解读，让其中的智慧成为自己的智慧；而仅有少数的人能够在智慧的内化过程中不被征服，既把握住其中的力量，又看到了其中的弱点，提出自己的创见而为世人认同，哈特就是其中之一。

当我们走近哈特，试图从他的理论中剥离有关法治论说的时候，会感到不同于前两位法学家的困难（韦伯和拉德布鲁赫），因为此时，我们面对的不单单是哈特，还有他批判发展的英国前辈法学家奥斯丁，以及更早的分析法学的鼻祖边沁。事实上，理解任何一个法学家都不能够割裂他所处环境的学术传统。哈特尤其是这样。

哈特从“法律规则”的角度描述现代法律体系，这个理论建立在奥斯丁“法律命令说”的基础上。哈特认为，奥斯丁的“法律命令说”，即法律是主权者的普遍的命令，并不能描述现代法律国家的全部。现代法体系由两种规则构成：第一种，类似奥斯丁的“命令说”，科以义务的规则，即要求人们做或者不做某些行为的规则；第二种，授予权力的规则，包括授予公共权力，立法、行政、司法组织及其运行的规则，也包括授予私人权力，有关订立契约、遗嘱、转让财物等活动的规则。通过对比奥斯丁的“命令说”所描述的“前”法律国家，哈特的

“规则说”道出了现代法律国家的三个面向——[1]

“命令说”与现代法律国家的第一个落差，即使是与胁迫命令最为接近的刑法，适用范围也与他者之命令有所不同，因为这样的法律可能同时科予制定者。从“命令说”转向“规则说”，现代法律国家的第一个面向，即制定规则者从“命令背后”转向“规则内部”，主权者本身受到规则的约束。

“命令说”与现代法律国家的第二个落差，其他成文法与命令也不相同，他们并非要求人们去做某事，而是授予权力给他们，为法律之权利义务的自由创设提供便利条件。授权规则对“命令说”的补充，产生现代法律国家的第二个面向：民众在制裁下对法的“被动接受”转向“自由创设”。

“命令说”与现代法律国家的第三个落差，虽然成文法的制定在某些方面类似于命令的下达，但是某些法律规则源于习惯，并非因为任何有意识的法律创设行为。“规则说”对于“命令说”中法律权威来源，人的因素，即主权者权威的否定，产生现代法律国家的第三个面向：民众所服从的对象由“主权者”转变为“规则本身”。

从“义务规则”和“授权规则”两种规则的结合去描述现代法律体系和制度，相比简单的“主权者的普遍命令”，它确实具有简洁、准确和全面的解释力，这种观察和解释不是站在任何法律体系的“外部”，而是延续了边沁、奥斯丁的视角，在法律的“内部”描述法律，根据法律本身理解法律。如果说

---

① 〔英〕哈特：《法律的概念》，许家馨、李冠宜译，法律出版社 2006 年版，第 47 页。

奥斯丁的“命令说”，在法律之外尚有“主权者”这一外物，那么在哈特的“规则说”中，识别法律的只有法律规则本身，法律所遵从的标准只有法律规则本身。

二、从规则理解稳定秩序的构建

除了承继和延续传统的分析法学的“视角”，哈特论证了在“规则说”对现代法律体系的“解释力”中所蕴含着“正当性”——法治国家遵从规则，并不是为了符合某种道德或者意义，而是一种“必然”，是现代社会秩序稳定存续的必然要求。

哈特假设了这样一个王国，国王雷克斯一世以“威胁为后盾的一般命令”来管理他的人民。社会秩序的存在，基于每一个臣民和雷克斯一世之间“习惯性服从”的个人关系。这种习惯就像人们在周末晚上习惯性地到酒馆去一样。后来，雷克斯一世驾崩了，王位留给了他的儿子雷克斯二世。“一朝天子一朝臣”，雷克斯二世凭什么要求服从他爸爸的臣民现在转而去服从他？

当然，如果雷克斯一世发布了一条命令，规定了王位由他的儿子继承，那么，依据这条命令，雷克斯二世就有资格继承他父亲的王位。但这仍然不能为“人身服从关系”的转化带来正当性。要使王位继承实现顺利的过渡，人们对于“父亲王”和“儿子王”无差别地服从，就必须否定命令之下的“人身服从关系”。这样，作为一个持续存在的社会秩序中的法律，就需要从“个体的命令”转向“普遍的规则”，从对发布命令者的个体的“服从”，转向对于普遍规则的“遵从”。

在一个真实的案件中，1944年英国一位妇人被控告，之后以违反了1735年的《巫术法》为人算命的罪名被判刑。几个世纪前所制定公布的法律，在几个世纪之后仍旧可以作为法律，这表明，法律可以具有如此强劲的生命力，它超越了法律的制定者、宣布法律的主权者——当个别统治者死亡，他的立法作品却继续存活；因为这个社会秩序建立在为相继世代所持续尊重的一般规则的基础上。①

那么，规则是如何建构了一个稳定的社会秩序呢？除了令行禁止的科以义务的规则，哈特将现代法律世界中维持社会秩序稳定运转的补充规则划分为三类：

第一类规则为“承认规则”(rules of recognition)，它确立了现代社会繁多而复杂的各种规则的效力等级，比如上位法优于下位法，特别法优于一般法，成文法优于习惯或判例。

第二类规则为“变更规则”(rules of change)，这类规则授予个人权力，使得遗嘱的订立、契约的签订、财产的转让以及许多人们可以自由创设之权利义务结构成为可能。

第三类规则为“裁判规则”(rules of adjudication)，这类规则授予裁判者司法权力，并规定裁判者必须遵循的程序。在这类规则中存在一批重要的法律概念，诸如法官或法院的概念、审判管辖权的概念、判决的概念等。

从“命令”所建构的社会发展到由“规则”所构建的社会，哈特说，这种转变揭露了一个“振聋发聩的真理”——

---

① 〔英〕哈特：《法律的概念》，许家馨、李冠宜译，法律出版社2006年版，第60页。

从形式简单的社会，其科予义务的初级规则只是社会控制的工具，发展到现代法律的世界，这是付出了许多代价才获得的成果！①

三、法秩序中的道德与正义问题

哈特承认道德对法律秩序的影响，道德与法律存在关联，这是因为，如果没有道德，稳定是不可能的——

人类历史中有太多悲惨的事实告诉我们，如果社会要能生存，必须给予社会中某些人一个相互自制的体系……要求人们服从的体系，能够真正公平地满足所有人的重要利益，它就能够获得且长久维系人们的忠诚，这体系也就会是稳定的。另一方面，它可能是狭隘且排他的体系，只考虑统治阶级的利益，它越是提高潜在的威胁，就越会推行高压统治，而且越不安定。②

因为没有任何的力量差距，足以使某个人不借助合作，就能够主宰或压迫他人，而且长达一段时间以上。即使是最强的人也需要睡眠，而且他入睡的时候，他就暂时失去了他的优势。稳定的法秩序需要相互自制和一定的妥协。③

---

① 〔英〕哈特：《法律的概念》，许家馨、李冠宜译，法律出版社2006年版，第186页。

② 同上。

③ 同上书，第181页。

那么，为了法的安定和持续，法律体系需要包含自然法最低限度的内容：其一，禁止杀人和暴力；其二，“接近平等”的制度安排；其三，有限的利他主义；其四，基于资源的有限，明确私有财产制度和相关的规定，排除非“所有人”进入或使用土地、取走或使用物资的规定；其五，社会各种力量之间的相互制约，确保没有任何力量可以凌驾在法律和秩序之上。

需要澄清的是，哈特强调社会秩序的“持续”和“安定”，并不意味着他赞许和肯定可以为了公共秩序或社会福利，牺牲个体的利益。哈特提出了有关正义的两个箴言。第一个箴言是：同等情况同等对待；第二个箴言是：不同情况不同对待。

> 禁止有色人种到某公共区域的法律是非正义的，因为公共设施的使用分配与肤色差异无关。
>
> 以儆效尤，为了公共安全或社会福祉，显然牺牲了等者等之的原则。
>
> 所谓正义分配，不是某个阶级的权利主张者的特殊利益，而是公正地照顾且考虑对不同利益的各种冲突要求。①

因此，与分析法学前辈边沁、奥斯丁坚持法的应然和实然的区分所不同，哈特的法理论对道德判断的问题持开放的态度。他认为，坚持完全否定法律中道德的说法是错误的，因为

---

① 〔英〕哈特：《法律的概念》，许家馨、李冠宜译，法律出版社 2006 年版，第 154、158、159 页。

在实践中，确实存在某些法律和道德的“暗区”。司法实践中，法官不是也不能“机械性”地演绎规则。特别是某些有关宪法的问题，经常涉及道德价值之间的选择。法秩序中的这些道德元素是不可能也不能够被回避的。

但是，承认法律和道德的关联，并不意味承认道德可以成为法律的判断准则。我们无法否认，任何社会或时代的法律发展，事实上都会受到特定社会群体里约定俗成的道德和理想深远的影响。但是，我们不应当证明，法律体系必须和道德或正义有特别一致性关系。认为守法是道德上的义务。特定法律的法律有效性判准，都必须和道德或正义有关。[①]

第二次世界大战后，实证主义被冠以恶名。哈特冒天下之大不韪，继续捍卫“法律就是法律的论说”，他并不是赞同“恶法”，根本不是。他认为，仅仅借着拒绝承认恶法的效力，就想要一举解决这些问题，对于困难且复杂的道德问题而言，这种方法太过粗糙了。坚持法律就是法律的意义在于，有助于我们把握住两种危险：在人们关于应然法的诸多观念中，法律及其权威有可能被消解；现存法可能会取代道德而成为行为的终极标准，从而逃避批评。

哈特所主张的，是捍卫法律自身的权威，社会秩序依赖规则所获得的内在的稳定；哈特所反对的，是从外部识别法律的做法，将法律的正当性依托于道德律令，用道德简单粗暴地否定法律的权威。法律上的权利和义务，不需要具备道德力量，

---

① 〔英〕哈特：《法律的概念》，许家馨、李冠宜译，法律出版社 2006 年版，第 173 页。

因为法律的权威独立地、完全地来自规则本身。

在《法律的概念》中，你不能搜索到任何有关“法治”的论述，然而——从哈特通过规则对现代法律世界的理解，规则对所有人的制约，规则对规则的制约，以及规则制下各种力量的相互制约，我们读出了由规则建构的法治之“平等”的价值和法自身的“权威”；从补充规则对于公共权力的授予，私人各社会活动的授予，我们读出了由规则建构的法治之“有序的自由”；从哈特有关正义的两个箴言，“等者等之，不等者不等之”，以及基于法秩序的稳定而内含的自然法的最低限度，关于人的肉身和意志的脆弱，世界资源的有限，我们读出了哈特对于法秩序中人的透彻理解和冷静同情。

不称颂任何法治的价值，而这些价值通过“规则概念”自然显现——联想到哈特曾经在第二次世界大战期间从事过谍报工作，这种风格恐怕不仅源于英式的分析实证的学术传统，更是哈特个人间谍经历的遗迹吧。

富勒

程序之治与交往理性

L. L. 富勒（Lon L. Fuller），1902—1978，美国法学家，曾任哈佛大学法理学教授，著有《法律的道德性》等。

一、良好秩序：法律内在道德与外在道德的一致与冲突

美国现代法学家富勒关于法律与法治的论说，是他在与分析法学学者的论战中建立起来的。与分析法学主张“法律即法律”的观点不同，富勒指出，价值观念在法律中无处不在，法律和道德之间无法划出一条泾渭分明的界限。人类社会需要的不仅仅是秩序，更重要的是“良好秩序”。

判断良好秩序的标准，首先来自法律自身具备的程序合法性的要求，此所谓“法律的内在道德”：(1) 必须具有足够的一般性（如必须存在规则）；(2) 必须被公开颁布；(3) 必须具有足够的前瞻性；(4) 必须清晰易懂；(5) 不得包含矛盾；(6) 必须在一定时间内具有足够的恒常性，以便于人们能够按照这些法律调整他们之间的相互关系；(7) 不得要求不可能之事；(8) 必须被官方言行一致地执行，以便于人们遵守这些法律。①

具备此八项“内在道德”的法律，与人们应然的正义、道德观念相适应，所谓的“法律内在道德”与“法律外在道德”的一致，就达到了富勒所说的“良好秩序”的状态。

而两者并非总是一致，当法律的内在道德与外在道德发生冲突的时候，富勒认为，应当保持法律的内在道德，而非使前者服从于后者。即便是一条在内容上极富道德的规则，如果偏离了法律的内在道德，它也没有资格被称为法律。他以波兰的

---

① 〔美〕富勒：《法律的道德性》，郑戈译，商务印书馆 2005 年版，第 47 页，参见 8 种“造法失败的后果”。

司法实践为例，在共产党执政的早期，曾经作出过热忱而持久的努力来将法律起草得清楚易懂，以便使它们能够为工农大众所理解。但是这样做的潜在的成本，是使法院对法律的适用变得反复无常并且难以预测。①

二、两个故事：对富勒法治观点的误读与正解

富勒主张法律与道德的不可分，然而究其论说，并无“自由”“正义”“安全”“平等”的言论，法律成之为法律的道德要求，不是别的，而是“程序”。可是，程序是道德吗？法律符合正当程序的要求，就意味着法律与道德不可分吗？富勒将道德区分为“愿望的道德”与“义务的道德”，用“边际效益”解释“愿望的道德”，用“经济交换”解释“义务的道德”，道德和经济难道是一回事吗？当我们一口气读完《法律的概念》，心里充满了对哈特那种解剖式分析思路的赞叹，赞叹经典确实为经典。然而，当我们断断续续地读完《法律的道德性》，心里充满了太多的疑问。

为了找到答案，让我们重新回到他讲述的那些故事中，去追寻富勒的真意！

故事之一。一位久病不愈的母亲有两个女儿。一个女儿多年来在病榻前照顾，另一个女儿则不闻不问。这位母亲未曾留下遗嘱便离开了人世。从我们的道德感觉上，那位孝顺的女儿

---

① 〔美〕富勒：《法律的道德性》，郑戈译，商务印书馆2005年版，第54页。

应当得到全部遗产。但是，根据法律规定，这份遗产将会被平均分配。有的时候，法官会努力地从规则和事实中作出一些解释，使得孝顺的女儿获得更多的“奖励”。富勒问，我们都知道“勿取属于他人之物”这样的道德规则，但是我们如何“确定”哪些东西是属于别人的？富勒回答说，“为了回答这个问题，我们只能诉诸法律而不是道德”。

富勒说，“美好的生活需要的不是良好的意愿，而是明确的规则”。他举例说，在因纽特人中间好像没有明显的规则界定一项婚姻关系的开始和结束。由此导致，在一个人看来是公平竞争一位女士的行为，在另一个人看来却是对他家庭的侵犯。于是，因纽特人的社会出现大量由性嫉妒导致的暴力争斗，而这些争斗转而又导致很高的自杀率。因此，道德本身并不能形成良好秩序，采取某种明确的立法措施来界定和稳固婚姻关系才能解决问题。

通过这个故事和这番论说，我们首先了解到，关于法律和道德的关系，富勒强调法律中的价值观念，强调法律与道德的密不可分，并不意味着认可法律对道德的服从，而是相反，人类社会的道德准则通过法律得以明确，道德准则依赖于法律的标准，通过法律的支持而在人类事务的运作中得到实现。

这样，我们获得了一种有别于分析法学者、又有别于自然法理论关于法律和道德关系的看法。法律不能与道德明确地区分开来，然而，法律的道德性并不是自然法所讲的“至上至高”的判断依据，而是法律程序本身的明确、一般、公开等品质，通过法律的品质，使得空泛的道德理念得以现实化——法律就是人类行为服从于规则之治的事业。[①] 在富勒给出的这个法律的定义中，既包含了分析法学所强调的“规则之治”，又包含了自然法理论中所强调的法律的价值维度。人类社会的道德观念通过法律，确切地说，通过程序的设计来获得明确性和强制力，那些说不清的是非善恶，通过说得清的程序标准，使得人们获得了可以一致服从的准则。

如果说，法律内在道德是基于立法层面的程序设计，那么，在富勒早期有关司法审判的论述中，他也列明了若干程序准则。他认为，倘若所有这些条件都能够得到满足，审判作为一项秩序的原则，将达到最大限度的道德强制力：（1）法官的活动并非其本人主动发起，而是经争议当事人双方或一方申请而进行。（2）法官与案件的结果并没有直接或间接的利益关联，甚至也没有情感上的兴趣。（3）法官的判决局限于呈现在他面前的争议，而且并未试图问当事人此种争议以外的关系。（4）提交给法官的案件包含了某种实际存在的争议，而非仅仅是对当事人将来发生分歧的预期。（5）法官仅以当事人提交的证据和论证为基础决定他的判决。（6）双方当事人都具有充足的机会来表述自己的意见。[②]

道德通过法律得以实现，然而法律对道德保持中立的态度。在富勒看来，法律的道德性并不意味着对罪犯的宽恕和仁慈，立法中饱含某种“高尚”的动机。他甚至反对教育改造

---

① 〔美〕富勒：《法律的道德性》，郑戈译，商务印书馆 2005 年版，第 113 页。

② Lon L. Fuller, “The Forms and Limits of Adjudication”, *Harvard Law Review*, December, 1978.

（rehabilitative）的“人道”理念在刑法中的滥用。他认为，这种理念可能会使刑法变得更加残酷。当教育改造被当作是刑法的唯一目标的时候，所有对于正当程序以及何为犯罪的明确定义的关注都会消失。如果被告可能遭遇的最坏情形只是获得一个机会利用公共经费去进行自我改造，为什么还需要担心公正审判的问题？①

接下来的问题是，如果法律对道德保持中立的态度，法律如何证明为“善”？如果良好秩序来自程序的实现，程序自身“良好”又源自哪里？让我们一起进入富勒的另外一个故事。

故事之二。一座位于大西洋海岸的大学城新建起来，最初这地区的每一个路口都没有设置红绿灯，行人通常都是找机会穿越车流过街，只有某时过于莽撞，会遭到当值交警的言语训斥。后来，街区的过街信号灯安装起来，路边也竖起了警告标语，那些不守规则的行人被处以罚款。短期之内，危险的过街行为有所缓解，然而情况很快恶化。因为行人发现，在交通不繁忙的时段，根本没有交警在场，所以他们开始在这些时段无视交通信号灯。继而，这种无视规则的现象又延伸到交通繁忙的时段。随着时间推移，机动车司机也寻找机会在红灯亮起的第一时间抢行。现在，决定对哪些人进行处罚，变得非常困难。因为违法已经成为集体性的。此时，法律控制系统已经崩溃。

交通秩序崩溃的原因不在于没有规则，也不是没有制裁，

① 〔美〕富勒：《法律的道德性》，郑戈译，商务印书馆 2005 年版，第 191 页。

而在于人们对规则的信任和尊重的丧失。人们对规则的信任和尊重，就是富勒所说的法律是人们遵守规则之治的“事业”(enterprise)。英文中，“事业”内含着“人们共同去做某事”的意思，它意味着“合作”。规则和程序的意义就在于营造公民之间有序互动，立法者与守法者之间的相对稳定的互惠预期。

> 一套法律系统的运作有赖于立法者与守法者之间的合作。法律的成功，依赖于公民与政府之间的自愿合作以及负责制定和实施法律的各政府机构之间的工作协调。
>
> 法治的精髓在于，在对公民采取行动的时候（比如将其投入监狱或者宣布他据以主张其财产权的一份契据无效），政府将忠实地适用规则，这些规则是作为公民应当遵循，并且对他的权利和义务有决定作用的规则而事先公布的。如果法治不意味着这个，它就没有什么意思。
>
> 法律并不是一项指导他人如何去完成一位上级所安排的任务的事务，而基本上是一项为公民彼此之间的交往行动提供一套健全而稳定的框架的事务，政府在其中的角色只是作为一个维护这套系统之完整性的卫士。①

法治并不是一套规则，法治的强制不是源自规则和法律本身，法治是人人服从规则的事业，人对规则的服从，不是仆人对主人的服从，被支配者对强制力的服从，而是来自交往和互

---

① 〔美〕富勒：《法律的道德性》，郑戈译，商务印书馆 2005 年版，第 235、242、243 页。

惠的相互制约。这样，我们透过作为合作事业的法治看到了它背后的一个个“理性”个体。

在“法律的道德性中隐含的关于人的理解”一节中，富勒这样说：法律的道德性……信奉这样的观念，即，人是或者能够成为一个负责的理性行动主体，能够理解和遵循规则，并且能够对自己的过错负责。每一个偏离法律的内在道德之原则的事件都是对作为负责的理性行动主体的人之尊严的一次冒犯。根据未公开的或溯及既往的法律来判断他的行为，或者命令他做不可能的事情，这些都是在向他表明，你完全无视他进行自我决定的能力。[①] 如果富勒的法律的内在道德应当被称为一种“道德”，那么，法律的道德性存在于人的“理性”之中，法律并不是规则的堆砌，而是“交往理性”的凝结。

三、法治即“德”治？东西方的“道德”之辨

据说，富勒烧得一手中国菜，他在某篇中也曾了了谈及中国的儒家和法家关于“法治”的观点。他的一位学生尼克松，对中国的态度和对华政策，有没有受到过他老师的影响，我们不得而知。不过富勒强调法律的价值、法律的目的、法律的道德性，这与中国传统法律思想中的“德治”似乎有一致之处。是否真有一致之处，我们可以在此一辨。富勒所称的法律的道德性，指的是“法律的内在道德”，法律的内在道德即法律程

① 〔美〕富勒：《法律的道德性》，郑戈译，商务印书馆2005年版，第188页。

序的要求，法律程序所反映的是社会中理性诸个体之间的互动、交往。所以，富勒语境中的道德是人的“理性”。

那么，儒家所讲的道德是什么呢？儒家的道德首先是个体的德行。所谓修身、齐家，而后治国、平天下。一个人的德行，对待别人为孝、悌、信、爱、仁，对待自己为温、良、恭、俭、让。（学而篇第一）一个有德行的人，孔子称之文质彬彬，既有“质朴”，又有“文饰”。文质彬彬，然后君子。（雍也篇第十二）当“质”受到“礼”的文饰和约制，就可以理解为“仁”。（八佾篇第三）仁心，如同果仁，是一切生长的起点，无污染、无虚伪。在礼的约制和文饰的过程中，它内含了自然情感，又超越了自然情感。所以仁者，爱人（颜渊篇第十二），仁者能好人，能恶人（里仁篇第四）。所以，儒家的道德源自“仁心”。

孔子从一颗仁心出发，推己及人，将心比心，己欲立而立人，己欲达而达人。（雍也篇第六）从而建立一套伦理规范，又从这套伦理规范推而广之，认为寻求人类社会的光明也在于内心，在于“仁”。一个人应当是一个有德行的人，一个国家应当是一个有德行的国家。国家的领导者，应当是人民道德的楷模，在这样道德楷模的领导下，人民才会信服领导者，有秩序、有尊严地生活。子曰：为政以德，譬如北辰，居其所而众星拱之。（为政篇第二 哀公问政）道之以政，齐之以刑，民免无耻。道之以德，齐之以礼，有耻且格。（为政篇第二）这种道德，因人扮演不同的角色而有不同，孔子强调个体在社会中扮演不同的角色，各守其道，履行各自的道德规范，亲亲尊尊，君君臣臣，父父子子。（颜渊篇第十二）

这样，我们至少可以从两个方面区分儒家的道德和富勒的道德。富勒的道德是头脑中的道德，是“理性”；儒家的道德是内心中的道德，是“仁心”。“仁心”因个人修为而有不同，道德秩序体现为“等差”的要求；而建立在理性上的道德，蕴含着“平等”的要素，人人具有理性，故而平等。

德沃金

法律的最佳论证

罗纳德·德沃金（Ronald M. Dworkin），1931—2013，美国法学家，曾任耶鲁大学法学教授，牛津大学法理学首席教授，著有《认真对待权利》《法律帝国》等。

德沃金是一位颇为中国学人熟悉的美国学者。他的几乎所有著作都被翻译成中文。早在20世纪80年代，他的成名作《认真对待权利》中译本出版时，德沃金特意加上了一篇写给中国读者的序言，讲述该书对于当代中国社会和中国法治建设的意义。2002年初夏，德沃金应邀参加清华大学法学院“德沃金法哲学思想国际研讨会”，会后，他又访问中国政法大学、复旦大学、浙江大学和香港大学，宣讲有关权利、人权、平等、自由、民主等法治命题的理解和主张。这是德沃金第二次也是最后一次来到中国。

2013年，德沃金去世，中国各新闻媒体纷纷发表悼念长文，再一次重复德沃金生前不断重复的观点：政府必须平等地关心和尊重每一个人，平等的关切是政治社会至上的美德，没有这种美德的政府，只能是专制的政府；法治的核心就是一种态度，它建立在对人类的伦理道德价值一致的理解之上，它形成了我们良善生活的构架。德沃金受到国内学人的热捧，除了他自身作为世界级法学家的地位之外，更多的是，中国读者渴望从西方学者对西方社会和经济迅速变革时期法治问题的解读中，获得中国问题的参考答案。

一、实证的立场？NO！

我们知道，法律自身有一种滞后的性质，当社会和经济迅速变革，如果法律规范不能与社会实践保持平衡一致，就会打乱人们对法律的期待，就会造成法律的失信。德沃金认为，法律规范与社会实践之间的落差来自人对于法律和法治的错误理解，这种错误在于将法治看作是一套规则的组合。当法律规则没有能够涵盖变动的社会实践时，法律就不够用了。要解决这个问题，德沃金认为，应当诉诸法律的原则。

假设法律这样规定：未经他人许可，拿了别人财物，必须归还。那么如果张三偷了一块面包，根据以上法律规定，张三应当把面包还给所有人。但如果，赵四给张三一块面包，张三原答应付钱，却最终没有付钱，此时张三是否应当归还面包？如果我们的法律只规定未经所有人的许可，拿了别人的面包必须归还，而没有包括其他相关规则，如规定强制履行答应付钱的口头允诺，此时，张三就可以不还面包吗？

德沃金说，人们越依赖法律规则，越容易在规则缺失或模糊的情况下产生对法律的不信任。当根据规则的判决与我们的直觉正义发生冲突的时候，这种不信任就会更加强烈，认为法律抑制了社会道德的发展，聪明人和了解法律复杂性的人能够操纵法律，甚至以正义和公平为代价来满足他们自私的目的。特别是，如果张三拿了面包，是因为他的家人正在挨饿，他除了偷面包填饱家人肚子之外没有任何办法，这种情况下，我们是否还要严格遵守法律规则，要求张三归还面包？

回答这个问题，德沃金区分了法律的规则和法律的原则。一条规则告诉我们，一个人应该返还他未经允许而拿的别人的东西，这条规则指导我们使张三还回面包。而原则告诉我们，禁止不经许可拿别人的东西的规则目的在于保护他人的财产利益。与规则不同，原则并不告诉我们，具体案件中，张三是否必须还回面包。决定特定情形中张三是否应该返还面包，需要权衡所有可能适用的原则。特别当法律规则和道德看起来是相互矛盾的时候，法律必须权衡所有相关的原则，而不应该机械地服从法律规则。在第三种情形，即为了饥饿而偷盗，除了考虑保护财产利益的原则，还应当考虑保护生命价值的原则：张三和他的家庭所面临的生存威胁是否如此之严重，超出了保护所有人个人利益的分量。

1889年的里格斯诉埃尔默案件是运用法律原则，解决规则与道德发生冲突的经典案例。1882年埃尔默在纽约用毒药杀害了自己的祖父，因为他怀疑这位新近再婚的老人可能会更改遗嘱使他丧失继承权利。埃尔默的罪行被发现后，被判处监禁。此时，埃尔默还有合法权利获取其祖父在最后的遗嘱中提供给他的遗产吗？埃尔默的律师辩护说，既然其祖父的遗嘱没有违反纽约遗嘱法所明确规定的条款，那么这份遗嘱就是有效的。如果法院不能支持，那么法院就是在更改遗嘱，用自己的道德信仰取代法律。厄尔法官作出判决，否定埃尔默的继承权利。的确，根据遗嘱制作、证明和效力以及财产转移的成文法，如果拘泥于字义进行解释，应该把财产给予凶手。但是，一切法律以及一切合同在执行及其效果上，都受到普通法的普遍的基本原则支配。任何人都不得依靠自己的诈骗行为获利，亦不得利用他自己的错误行为，或者根据自己的不义行为主张任何权利。①

二、实用的立场？No！

当法律规范与社会生活出现错位和落差，还存在另一种处理法律问题的倾向，即认为法官应当遵循他们自认为能够在未

① 〔美〕德沃金：《法律帝国》，李常青译，徐宗英校，中国大百科全书出版社1996年版，第15—19页。

来产生最良好的社会效果的那种断案的方法。有时，这种立场会根据社会政策判断个案的责任与权利问题。比如说，发生在1973年的麦克洛克林案件。上诉法院在考虑是否支持因家人交通事故而受到严重精神刺激的麦克洛克林夫人获得精神损害赔偿时，认为支持原告的判决可能给整个社会带来不利的后果，促使造成更多的精神损害赔偿诉讼，增加法院积压案件，导致诉讼中的欺诈，以及增加责任保险费用等社会效果。德沃金不赞成这样的考量。他区分了原则和政策，疑难案件的判决应当根据原则而不应当根据政策，因为原则意在确立个人权利，而政策意在确立最大多数人的利益。

我们可以通过1978年的费尔伯案件理解德沃金的态度。《纽约时报》记者迈伦·费尔伯撰写了有关一些病人离奇死亡的系列文章，直接导致杀手嘉士凯勒维希医生东窗事发。嘉士凯勒维希医生在新泽西州受到了审判。医生的辩护律师向审判法官提出请求，责令费尔伯和《纽约时报》移交所有费尔伯在调查期间收集的材料。法院责令后，费尔伯拒绝。该拒绝行为被视为藐视法庭，费尔伯及其所在的《纽约时报》被迫每天缴付巨额罚金。

德沃金支持初审法官的判决，认为费尔伯及其所在的《纽约时报》应当向法庭递交相关材料，虽然这样做会在某种程度上牺牲言论自由。德沃金分析说，嘉士凯勒维希医生拥有获得公正审判的权利，实现此权利的保护是解决本案的核心。当然，美国是一个将言论和新闻自由的宪法保护置于至高地位的国家。但是，记者并不比任何人都拥有更大的言论自由权利。哪怕以牺牲总体福利为代价，言论和新闻自由的社会政策无论强大或脆弱，都必须屈从于被告拥有的获得公正审判的权利。

发生在1977年的加利福尼亚大学董事会诉阿伦·贝基案也存在类似法律原则和社会政策的区别问题。白人贝基因申请学校一个为招收更多黑人和其他少数民族学生的计划没有被录取，提出诉讼请求，认为学院该计划剥夺了他的宪法权利。加利福尼亚最高法院同意其诉讼请求，责令医学院录取他。该大学上诉到联邦最高法院。一种声音认为，应当支持贝基，反对优待少数族群的特别计划。因为这些对少数族群的优待措施将会产生一个黑人化的美国，为种族集团和人种集团而设计的各种优待计划将使美国分裂。

以一种未来效果的视角判断当前的法律问题，这就是一种实用主义的立场。德沃金不同意此种看法。他分析说，优待计划虽然针对一个特定的集体，但是支持医学院的根据并不是基于政策，仍然是基于权利。优待计划的目的是为了保护少数族群的权利，并没有使任何一个人因其种族不受优待而屈居不利地位，这个原则没有侵犯任何个人的政治权利。

三、法律的最佳论证

德沃金将良法之治称为“整体的法律”。整体性的立法原则要求立法机构尽力保护每一个人，把法律视为人的道德权利和政治权利的表达。整体性的审判原则要求在处理规范和事实问题时，对正义与公平的构成作出前后一致的表达。德沃金力图化解法治中各种价值之间的冲突，他认为平等、自由、民主、人权这些价值是可以也应当相容的，法官可以在权衡诸种权利、价值的过程中获得“最佳论证”。德沃金多次评介 1973 年的罗伊案，他认为该案对于理解法律的“最佳论证”具有示范的意义。

如果承认妇女有堕胎的权利，那么这种权利的实现就会损害另一个生命。禁止堕胎，除了西方社会宗教影响，也存在很大程度上的社会道德的考量——毫无节制的人工流产会影响人们对人类生命价值的本能性尊重，同时也会影响对人类自身毁灭和痛苦的本能性恐惧……如果堕胎已经变成不足为奇的、无涉伦理的事情，就像做一个阑尾切除手术一样，那么，这个社会将是一个更为冷酷无情的、麻木不仁的社会，还可能是一个更危险的社会。①

1973 年，联邦最高法院在罗伊案中以 7 票对 2 票的多数通过的判决宣布：宪法保护妇女在妊娠早期接受堕胎手术的权利。此案中，联邦最高法院认定，胚胎不是宪法意义上的人。德沃金分析说，胚胎不属于宪法意义上的人，这一结论是对我们的宪法和宪法实践的最佳诠释。如果胚胎属于宪法意义上的人，那么罗伊案就是一起彻底的错案。州就有权像保护其所辖范围内其他人的生命那样保护胚胎的生命。联邦最高法院对胎儿发育的母体外存活这一标志确定在妊娠期约 第 23 至 24 周之间，因为此时孕妇已经感觉到胎动。这使她获知怀孕后具有一个合理的机会来决定是否堕胎有了足够的时间。只有这样，她才是真正享有了这一权利。虽然罗伊案的判决主张妇女原则上

① 〔美〕德沃金：《自由的法：对美国宪法的道德解读》，刘丽君译，林燕萍校，上海人民出版社 2013 年版，第 52—53 页。

具有生育自主的权利，但它还加上了在妊娠后期，胚胎具有独立于母体的生命价值，目的在于禁止妊娠后期的堕胎。因此，罗伊案并没有因保护一个妇女的宪法权利而损害一个与之匹敌的胚胎或其他人的权利，它艺术地平衡了两者。

> 我们生活在法律之中，并且以法律为准绳。法律确定我们的身份，法律是利剑、是护身盾、是威慑力。当法典默不作声、含混不清或模棱两可时，法律如何统摄一切？[①]

德沃金在其全部的论著中以一种刺猬式的方式回答了这个问题——狐狸有很多手段，而刺猬只有一个招数——法治的发展不是数字上的发展，不是依靠更多、更细、更全的法律规则，在难办的案件中，法律原则起着根本的作用。法律原则包含了我们社会政治和生活道德的各个方面，这些道德反映到法律上，体现为权利。法治的发展依赖于对法律的理解力的发展。机械的适用法律规则，并不能够确立法律的权威，法律的权威存在于法律原则之中，存在于对权利的尊重，存在于法官对于法律原则的艺术的权衡。

---

① 〔美〕德沃金：《法律帝国》，李常青译，徐宗英校，中国大百科全书出版社 1996 年版，前言。

拉兹

权利的“依系”与“独立”

约瑟夫·拉兹（Joseph Raz），1939— ，以色列裔英国法学家，现任牛津大学法学教授，著有《法律体系的概念》《实践理性与规范》《自由的道德》等。

初读拉兹最大的感慨，是其著述的晦涩。这并不独是拉兹的“问题”。康德曾回应那些指责他“故弄玄虚”的人，他说，想把主题写得大众化是不可想象的；相反，我们却要使用学术性的精确语言……只有使用这种语言才能把过于草率的道理表达出来，让人能够明白其原意而不至于被认为是一些教条式的专断意见。① 如果晦涩不是为了晦涩，而是为了准确和清晰，那么我们不妨把这种晦涩理解为可卡因和古典音乐。甜蜜的味道和由简单音符构成的流行音乐，易于为人们接受或受其感染，也易于腻烦和消散；而带有苦涩滋味的茶、酒和咖啡，以及由相对复杂音符构成的古典音乐，更耐人享受。据说由于拉兹的论文《法律体系的概念》过于难懂，他的老师哈特阅读时不得不顶了一块湿毛巾降温。不过，在坚持读完之后，大赞其才华横溢。看来，拉兹的晦涩自有其风味。

一、“法律并非孤立的片段”

拉兹的“晦涩”一方面来自他自创的一些概念和表述，比如“法律的个别化”“排他性理由”“不可通约性”“至善自由主义”等等；另一方面，不同于一些作者反复论说自己的观点（如德沃金），拉兹在结束了一个问题的思考和写作之后，会跳跃到下一个主题，比如从最初的法律体系的讨论，到法律的权威，再到自由主义，各论著的主题相对独立。然而，当我们跃过“晦涩”，就会获得阅读拉兹的新的感受——拉兹论述的法律和法治所有的问题，似乎都来自同一个视角——拉兹在英文中表达为 attachment，中文可以译为依系或者密切的关联。

---

① 〔德〕康德：《法的形而上学原理——权利的科学》，沈叔平译，林荣远校，商务印书馆 1991 年版，序言。

第一，拉兹提出，认识个别规范的视角，应当来自法律的整体结构、法律的体系；传统的分析法学学者，边沁、奥斯丁、哈特、凯尔森，仅仅通过“拆解”语词去认识法律，认为每一条法律都是一个规范，以及将法律体系看作这些独立的、相互之间没有什么联系的法律规范的整体，这种“法律的个别化”的认识是错误的。对个别规范的理解应当将其置身于法律体系之中，法律体系是相互联系的法律之间错综复杂的网络，在法律体系中，不独有分析法学前辈认识的规范的内容，还存在非规范的内容。法律体系的网络由两种法律结构组成，其一是生成意义的结构，即法律之间的授权生成关系；其二是建立在惩罚及其相关规定之上的运行结构。

第二，拉兹提出，认识法律体系的视角，来自更大的社会关系。法律不是绝对的自洽、自治，法律体系是诸多社会复杂规范体系中的一种，特别受到政治制度的影响；他反对传统的分析法学学者有关法律自治的预设，即可以通过法律自身的概念界定法律的边界、规定其运行状态。

在那些拥有法律的社会中，相较于宗教、经济等影响力量，法律是最重要的制度化体系，之所以是“最重要”，拉兹将其解析为“法律的权威”，即法律体系的有效性。拉兹对法律权威的理解，仍然来自这种“依系”的视角，即规则与行动理由的关系。我们知道，人的思想决定人的行为，具体来说，人总是根据理由的权衡而行动。法律是其中一种决定人行为的理由。这种理由具有极大的特殊性，其特殊性在于，法律作为人行动的理由，是一种“排他性理由”，这种理由会打破那些被权衡的行为的理由，作为一个不败的理由，去决定人的行动。因此，法律的权威，在于法律能有效地决定人的行动；反过来说，法律的权威、法律体系的有效性，在于人们相信法律是有效的，并服从这些规范。

第三，仍然从一种“依系”的视角，拉兹对古典自由主义理论，对建立在个人主义、个体权利之上的法治理论提出挑战。西方现代法治的源头，应当追溯至启蒙时期的古典自然法理论。在解释人和政府之间的关系时，“权利”成为一个关键的概念。拉兹提到，在洛克的作品中，自然权利特别解释了政府的限度。根据这种理论，人是自律的主体，自我决定如何生活，政府不能干预个人自治，也不能将善恶观念强加于人。

拉兹反对这种观点，他说，对自由的追求常常被描述为保护个体免受多数人的专制，这种解读忽视了共同体的重要性，而个人的繁荣总是离不开他人的。公民的个体权利、契约自由、言论自由等，不可能离开社会开放的市场、开明的政治气氛而独立实现；对于矫正社会生活中的实质的不平等，政府保持中立态度就是不公正。

拉兹又举例说，现代法律规定的某些权利，体现出不同个体利益的关联，并不全然属于“个体权利”。比如怀孕的妇女只能等胎儿生出来之后才能被执行死刑。这种权利保护了这个女人的利益，但对于这个女人的这种权利而言，其证成性理由是出于对孩子利益的保护。又如，要赡养伤残父母或配偶的人具有得到税收减免的权利，同样，这种权利的实现依赖于权利持有者以恰当的方法来帮助法律规定的特定人。

二、个体权利对“公共善”的依赖

这些例子表明，权利不是绝对的个体的利益，它可能与他人的利益相关，也必然与社会整体的政治、文化氛围相关。拉兹在此提出了“公共善”的概念：它是一种共同的利益，它可以是物质的，也可以是某种活动模式；对于公共善，人们并不存在利益冲突，可以普遍地获得。比如，授予荣誉、提供贷款、对奢侈行为课以更高的税金，鼓励某种善的价值观；比如，通过法律确定一夫一妻制度。这种公共善使社会成员普遍受益：正是这种公共善……才使得这个社会成为一个宽容的社会，成为一个有教养的社会，成为一个充满尊重人的意识的社会等等。在一个具有这些特征的社会里的生活，大体上是一种对每个个体都有益的生活。①

在“公共善”的概念下，个人与政府的关系不再是古典自由主义法治理论中的对立，相反，“公共善”是个人权利的前提：唯有通过集体善才能获得个人自由。实现个人利益以及实现宗教信仰自由的能力，都有赖于某种公共善的稳固存在。反过来，个体权利依赖集体善，也有助于集体善：权利并非是要使某个团体永远独立。权利意欲培育某种公共文化，它能使人们为作为这类团体成员的身份感到自豪，我们保护这些利益的

---

① 〔英〕拉兹：《自由的道德》，孙晓春等译，吉林人民出版社 2011 年版，第 186 页。

重要性，实际上源自它们对某一公共文化的促进和保护的助益。[①]

那么现在，从一种依系的、联系的视角，我们就可以相对准确和深入地理解拉兹所说——法律并非孤立的片段。对于拉兹来说，法治并不是规则和原则的简单构成，也并不是通过几个法典就可以获得的理想。当然，当我们说到现代法治的时候，那些法律原则仍然可以代表法治的精神：法无明文规定者不为罪；法律应当公开颁布，具有相当的清晰性和前瞻性；应该按照法律程序进行司法判决；判决由法院进行公平且公开的审判后予以公布……但法治不仅仅是一系列静态的道德律令，而是这些道德律令的真正实现，只有特定社会的制度和文化，才能满足法治的制度和文化预设。

拉兹指出，这种特定社会的制度和文化，首先需要一种专业的、精致的官僚结构进行民主立法，需要具有被严格服从和监督的程序公正，也需要所有的司法机构，以及其他的次级法律机构，警察、检察部门和行政部门，忠实地适用法律。法治文化更需要个体对共同体的认同感和归属感，它表现为公民对法律的尊重。社会生活和活动中的“深层理由”“具体决定”或者“根本原则方面的分歧”通过规则和一个强有力的司法机构在实践推理中得以调节，这种调节也需要考虑共同体的政治传统和公共善。

从一种依系的、联系的视角，拉兹反对通过剖析达成认

---

① 〔英〕拉兹：《自由的道德》，孙晓春等译，吉林人民出版社 2011 年版，第 236、237、240、241 页。

知，倡导体系论；反对绝对的法律自治、个人主义，提倡个人与群体的协调、认同和归属，并强调义务的内在价值，表现为政府对公共善的义务以及个人的由自尊产生的自我义务。这些论点似乎更具有传统东方政治法律文化的特点。传统东方的政治、法律和文化建立在“依系”的维度之上。政治建构和职能的运作以皇权为核心而凝聚，个人的身份和价值通过血缘和家族得以确认，就连那些专门的学问和技艺，也强烈依赖于师徒之间口耳相传的密切联系。

三、权利“依系”与“独立”的辨正

我们可以从依系的视角“理解”拉兹，但是拉兹的权利理论的根基并不是人的“依系”，而是人的“独立”。没有人能够独自获得成功，但是真正的成功不是通过他人而是最终通过自己达成的；政府可以并应当为个人的幸福生活提供和创造“充足的条件”，然而这些条件的最终实现，有赖于个人的自主选择：

> 人们的生活是自己的事务。它们可能是道德的，也可能是不道德的，可能是令人敬佩的，也可能是受人鄙视的；即使它们是不道德的，也与国家的事务无关，也与置身于这种生活之外的任何人无关。
>
> 与政府相关的全部事情就是为人们提供手段以使人们能追求自己的生活，也就是帮助人们满足自己的需求和实现自己的目标。

> 一个自主的人是他自己生活的部分创造者。他的生活部分地是他自己的作品。自主的人的生活，不仅仅是因为它是什么，而且也是因为它可能是什么，甚至还由于它所以如此的方式。如果一个人有多种可以接受的选择供他挑选，并且通过他对于这些选项的抉择才使他的生活所以如此，他这个人才可说是自主的。一个从来没有做任何重要选择的人，或者从来没有意识到这种选择的人，或者从来没有在重大事务中进行选择而仅仅是随波逐流，虚度一生的人，就不是一个自主的人。①

同样，拉兹虽然也强调法院在进行实践推理时需要关注到一种整体的、体系的问题，关注政治传统和公共善，然而拉兹也在多处强调司法机构的专业性；个体权利与公共善的协调也并不意味着拉兹否认现代多元社会中的分歧和矛盾，拉兹称为权利的“不可通约”，相反，拉兹认为，现代的民主国家应当以宽容的态度容纳这些分歧和矛盾。

在阐释现代法律和法治问题时，拉兹展现了一种独特的东方视角，或许这种视角天然地来自他的出身，拉兹出生并成长于中东地区的以色列。也许，正是这样一种独特的东方视角，使拉兹的阐释令西方学者们耳目一新。这是拉兹的创见。但是，我们仍然需要清醒地认识，现代法律和权利理论的图景是由一个个理性、独立和自主的人构建起来的；虽然，一如拉兹所提示的，绝对的独立离开群体和传统便不能存在。

---

① 〔英〕拉兹：《自由的道德》，孙晓春等译，吉林人民出版社 2011 年版，第 191 页。

戴雪

英国现代法治的自我生成

阿尔伯特·戴雪（Albert Venn Dicey），1835—1922，英国法学家，曾任牛津大学法学教授，著有《英宪精义》等。

牛津大学法学教授戴雪 1835 年出生于英格兰北安普敦，他一生跨越两个世纪，1922 年去世，准确地说他是 19 世纪的人。我们将戴雪及其《英宪精义》贴以“现代”的标签，不完全因为两者跨越至时间意义上的现代，更在于戴雪及其《英宪精义》本身，确定了英国现代法治思想、现代宪法原理的基准：代议制和民主政治、个人权利的司法保障。一般认为，工业化开启了英国的现代化，而代议政府、民主政治以及法律对个人权利的确认和保障、对专制武断权力和特权的否定和限制，构成了另一个维度上的英国的现代化。经济维度上的现代和传统，存在较为明确的时间划界，而政治和法律维度上的英国传统和现代的划界，不是时间意义上的，是观念层面的。《英宪精义》中，戴雪对法的“现代”的理解和阐发，建立在与传统英国政治法制、宪法实践的比较之中。在其论述中，英国现代法治是对传统的承继，与之交织，却在不知不觉中改变了传统的某些方面，实现了法治精神的彻底转化。

法的现代与传统的承继、交织，很大程度上源于英国法的非成文性质。它不是以一个或数个书面文本为核心，宣告规则再予以实践的过程；相反，英国法是先有政治实践、司法实践，而后有规则的。戴雪描述了英国政治和法律历史实践中的三种动力，以之把握英国政治和社会生活的根本法则：巴力门主权，代表议会拥有的至高无上的立法权力；法律主治，代表普通法院拥有的保障个体权利的司法权力；以及宪典的效力，代表君主、上议院（贵族院）、内阁拥有的行政权力或者说古老特权的遗迹。此三种力量各自的特点及相互作用，决定了英国法的特殊色彩：一方面，它是传统的、继续性的、守旧的；另一方面，它又是柔性的，随时代、因人为而变化。

一、从集权传统生成代议政治

巴力门一词源于国内最早也是目前唯一刊行译本译者，民国时期雷宾南学者的音译。巴力门是英国至高的立法者、主权者，是君主、上议院（贵族院）、下议院（众民院）三者的合一。参照布莱克斯通、爱德华·柯克对巴力门权力地位的判断，戴雪对巴力门特点的描述可概括为两点：其一为“至高”，其二为“万能”。巴力门的至高，指它不受制于任何人、任何事，特别表现为巴力门所立法律的至高性；巴力门的万能，指巴力门可立法，也可毁法，而此类法律既可干涉关乎国家命运的政务，如王位继承、国教变更，也能干涉铁道、港口、船坞、私家地产、婚姻……各类私权。

巴力门的“至高”和“万能”，多体现出英国政治“传统”的一面。英国自诺曼征服，即受制于一个绝对权力享有者——君王的统治。从15世纪到17世纪，自都铎王朝到光荣革命，君主的权威经历了重振、强化、衰弱、短暂废黜又与议会共存的过程。从君主独裁到巴力门共治，不变的是，最高权力聚合于一特定主体，戴雪将此特点称为“单一主义”，并与美国分权制度予以比较。英国的政制保留了传统政治核心的存在，而美国的中央权力则分配于行政、立法、司法三个机关，各自享有独立、平行且相互制约的权限和权能。在美国，不但中央权力，联邦与各州的权力也被区别分化，联邦政府处理带有公共性质的事务，其余权力留给各邦。与之匹配的制度设计遂为“宪法至尊”，各机关、各地方的权力皆聚合于联邦宪法。对于美国的联邦政制和宪法至尊，戴雪不以为然，相较于英国的巴力门主权，戴雪认为，权力的分化，将阻碍政府的运作，破坏政府的效能，联邦政府果何物乎？只不过一软弱无能之政府而已。[①] 绝对的立法主权，或巴力门主权，与能控制一切权力的宪法的存在不能相容。

一方面，巴力门主权保留了英国集权政制的传统，巴力门主权是君主和两院的合一，合一的决议才能成为法律；而另一方面，现代的民治逐渐替代王制和贵族统治。宪法惯例中，君主服从于两院，两院分歧时，贵族院对众民院稍做让步，而众民院代表了选民的意志。因此，巴力门主权的本质，是保留了传统集权特征的现代代议政制。同时，在巴力门主权下，英国的所有法律并不存在"宪法/一般法律"此类法律的位阶，法律的产生和变更，机关同一、立法手续同一。英国宪法，君主与两院有权改变或废除任何法律；他们可变更极重大的法律，如改易王位继承法案，撤销英格兰与苏格兰，或英格兰与苏格兰合一法案，恰同变更轻小的法律，例如，通过一法案使某公司有自牛津至伦敦的铁道敷设权，依同一程式，并无繁简之别。[②] 戴雪将英国法此特性与法国法比较，将无区分法律特殊性及修改程序特殊性的英国法称为"软性"，而宪法或根本法不能与普通法律同一变更手续的法国法，称为"硬性"。戴雪认为，虽然不能认为宪法不变性与法国多革命暴动有直接关联，然而，巴力门主权下的法的柔性、伸张性，对于保存英国

---

① 〔英〕戴雪：《英宪精义》，雷宾南译，中国法制出版社 2017 年版，第 239 页。

② 同上书，第 202 页。

政治和社会的传统，不无影响。

二、从司法过程生成个人权利的救济和保障

强调个人权利的平等保护，此乃现代法治的题中之义，然而，戴雪指出，在英国，此现代法观念并非因时势激荡一次造成，而是千百年，法院替私人权利力争得到的结果。[①] 个人权利的实现通过普通法院得以保障，而非成文法宣告，构成了英国法传统与现代交融的特色。较之法国通过《人权宣言》以及《1791年宪法》对自由发言、印刷、发行等权利的郑重保证，虽然英国成文法规范中并没有"言论自由"或"出版自由"的明确表达，但事实上，司法判决通过确立"言论的界限"以确立"言论的自由"，即由《毁谤法》规定，言论不能够攻击个人、发泄私愤，界限的公允程度由陪审团确定。

英国法律对公民基本权利的肯定，不在于宣告而在于救济，但也可以说，它通过救济实现了宣告的效果。戴雪以公众集会权为例，英国法律正基于个体行动自由和言论自由，获得公众集会权利正当性的论证。司法论证立足于传统个体权利，实现对现代公民政治、社会权利保障的扩展：是故集会的权利并非别物，他不过是法院所有一种见解，而这种见解实系观察个人的人身自由及个人的言语自由而得到的结果。英吉利法律并无特别规定，以允许三人集会。但法律固明许甲有权往任何

① 〔英〕戴雪：《英宪精义》，雷宾南译，中国法制出版社2017年版，第262页。

处，而如意所之；凡其所往，法律必不至视同侵害行为……①

戴雪又以已婚妇女的独立财产权为例。早期普通法中，妻子因婚姻缔结，法律地位及财产均融入丈夫的存在。如果这女人嫁给了一个赌徒，她无法制止她丈夫对其财产的挥霍。直至20世纪初年，已婚妇女的财产权通过《已婚妇女财产法》得以宣告，然而，在此之前，对此权利的保障已经在衡平法院数个世纪的时间里渐进地构建起来。1800年，衡平法院已经为了使已婚妇女能够拥有独立于丈夫的财产权奋斗了几个世纪，努力使已婚妇女能够像男子或未婚妇女一样充分地行使财产权……通过法官造法的方式……巧妙地发展形成：即便一个人可能无法管理自己的财产，但他可以设立一个受托人为了自己的利益而管理这份财产，而受托人唯一的职责就是执行信托条款。因此，在已婚妇女财产方面，就逐渐产生了如下结果：不论是婚前还是婚后所得，信托给受托人的、由妇女独立处分的财产都是该妇女的独立财产，也即，这些财产无论如何都不属于她的丈夫。受托人只能按照信托协议的条款进行处分，按照妇女的意愿和指示来处分。② 不仅是已婚妇女的财产权，有关联合权的法律、有关雇工致人伤害的雇主责任，议会立法对个人权利的宣告均建立在衡平法已经发展起来的规则之上。戴雪总结说，衡平法规则几乎完全决定了后期立法对权利宣告的内

① 〔英〕戴雪：《英宪精义》，雷宾南译，中国法制出版社2017年版，第334页。

② 〔英〕戴雪：《公共舆论的力量：19世纪英国的法律与公共舆论》，戴鹏飞译，上海人民出版社2014年版，第282—292页，司法造法对议会立法的影响。

容和方向。在根本上，个人权利的救济通过司法过程渐进地得到保障。

三、从贵族特权生成民主政治

戴雪定义的宪典，是政治家行动的规则，政治家行使裁决权力的规则。与宪法相区别，这些规则并不施行于法院，类似政治活动的惯例。宪典文化具有古老的历史，它实质是为如何运用特权而设立的。例如，巴力门每年集会一次的规则，即源于君主召集巴力门的特权。

在现代，建立于特权传统的宪典文化，趋向于平民化的政治理念。例如，元首权力由阁臣代为行使的规则，规定阁臣的出身必须为两院议员，更须受信任于众民院。又如贵族院与众民院遇分歧让步的规则，万一贵族院坚持己见，不愿接纳众民院的判断，元首甚至可以增设贵族院的名额，冲破反对势力。

当然，元首的私人情面和势力依然存在，以君主名义执行的国家重要行为，如审判员的委任、主教的增设、外交的处理，以及内阁的决定交战、签定合约等问题的特权，皆可以不必咨询两院。然而，戴雪认为，这些特权的残存并不与民主政治对立，它恰恰是全英人民所意愿保留的。民众的意愿，是女王作为可理解的治国力量，以及与贵族院共同产生的尊荣的氛围。

传统为传统，非为真理。英国现代法治中的传统遗迹，并不完全意味着英国人戴雪对民族传统的自珍，或者对政治制度、司法制度温和应对社会变迁的乐观，现代英国法对传统的保有，也并不意味着对现有秩序轻易的默认。1914 年，戴雪应邀到美国哈佛大学讲演，后辑成《19 世纪的英国法律与社会观念》一书。在导论中，他描述了 19 世纪末期至 20 世纪年初，为回应社会变迁，英国法律发生的激烈变化，成文立法增加的趋向以及立法中的集体主义的趋向。穷人与富人的反差，既存制度与人们欲望的反差，工厂运动，现代商业趋于联合、垄断和国家经营的特征，以及社会主义观念的冲击，在 20 世纪初的英国酝酿着根本变革的渴望。

在这样的气氛里，戴雪提出了他的主张，英国的法治是生长的，也是人为的，但这两者并不矛盾：法律与舆论确实紧密交织。每一部法律必定都要以某种普遍理念为基础，并且法律不可避免地从该原则或理念中获得或多或少的权威。即便是边沁这样力主法律改革的思想家，戴雪认为，其思想的活力根本在于对时代需求的回应，同英国思想发展的普遍趋势的融洽。边沁是系统化的个人主义者、民主分子，而英国正是个人主义天然的故乡：在构成英国宪法史的长久冲突中，个人主义意味着对王室肆意的特权的仇恨……这种个人主义培育了最朴实的英国人本能地、顽强而努力地捍卫法治……功利主义者信念的基础更多都必须归功于普通法的传统……①

诚如戴雪所说，一种理念的成功，很少取决于人们论证该

① 〔英〕戴雪：《公共舆论的力量：19 世纪英国的法律与公共舆论》，戴鹏飞译，上海人民出版社 2014 年版，第 151 页。

理念的逻辑力量，甚至也不依赖其追随者的热情，而取决于时代的变化和社会的发展。法治亦如此，权利、自由、平等、民主……它并非仅是对这些抽象理论的实践，更是对特定时代的公共情感的呼应。特定时代的公共情感来源于传统，更体现了现时对传统的发展，现代法治应当回应、强化或修正这些信念。

马里旦

权力悖论与感性法治

雅克·马里旦（Jacques Maritain），1882—1973，法国哲学家，新托马斯主义代表人物，著有《人和国家》《自然法：理论与实践的反思》等。

权力的运行存在着自相矛盾的内容，一方面它汇聚保护和创造的能量；另一方面它释放支配和伤害的力量。自由主义者倾向于论证权力运行的限度，国家主义者则倾向于肯定权力扩张的必要性和正当性。克服权力运行的二元悖论，成为现代法治理论的基本命题之一。法国哲学家、法学家马里旦的国家学说、自然法学说对权力悖论的解答令人深思。

一、对公民为国效死的沉思

不同于战争状态下早期思想家构建统一国家的渴望，在马里旦看来，权力的统一以及国家的产生，并不一定带来和平；当对国家的理解与民族概念混淆，以及当国家概念建立于绝对权力之上时，国家就有可能成为破坏性的力量。通过对现代国家概念的澄清，马里旦使国家权力、国家与人的关系归于正义。

反思两次世界大战，马里旦认为，民族意识觉醒是现代历史的一个特点，但民族国家则是一种不幸的混合。[①]《人和国家》中，马里旦详细区分了两者。民族和国家都是人类的聚合体，但两种聚合的性质不同。民族生根于自然，国家产生于理性；民族的基础是血统和习俗，国家的基础则是通过法律的社会结构和明确的政治目标。马里旦认为，国家秩序是更高的秩序，单靠民族集团固有的因素，不能够自动地转变为一个国家，而国家一旦存在，它就不再是民族共同体了。一旦民族逾越了它的自然界限去区分你我，就会成为自私狭隘的东西，将

① 〔法〕马里旦：《人和国家》，沈宗灵译，中国法制出版社 2011 年版，第 5 页。

对本民族的爱等同于对他民族的恨，这种强烈的爱恨，推翻了各国家之间的理性秩序。而如果国家利用这种民族情绪，就会丧失对其正义基础、法律秩序的意识，用基于血统的、效忠的人际关系替代法律关系，成为一个极权国家。

对国家绝对权力的强调，是权力产生伤害的另一原因。绝对权力主义者将国家看作一个道德上的人，认为它拥有至高权力和永恒权力。马里旦分析了建立在绝对权力之上的主权概念从布丹、霍布斯、卢梭到黑格尔的哲学来源，以及这一专制国家观念在巴洛克时期、法国大革命时期、19世纪国际战争中，极权政体和父权国家中的表现。马里旦说，主权概念不是真正的民主教义的一部分，并不属于真正的民主精神和哲学①，国家并非霍布斯的集体超人，也不是黑格尔的最高理性，国家不过是一个为人民服务的工具，它在政治体中的最高权威，因为和限于共同福利的需要。②因此马里旦主张，国家要恢复自己的本性，需要将绝对权力的观念从国家概念中清除出去，将国家这一权力聚合体回归社会诸种政治体，即那些由公民自由创造的家庭、经济、文化、教育、宗教各领域的政治体。国家不应当过分介入其他政治体的生活，更不应当在这些领域直接组织、控制或经营。国家权力应聚焦涉及维持法律、促进公共福利和公共秩序以及管理公共事务的领域，并作为最高仲裁者和监督者，从共同福利的角度，调整那些自发的和自主的活动。

但与自由主义者倡导的那种国家工具主义不同，在马里旦

① 〔法〕马里旦：《人和国家》，沈宗灵译，中国法制出版社2011年版，第16页。

② 同上书，第11页。

看来，国家和个人的关系不是优位的、隔离的关系，而是统一的。国家为人民服务，人民也因为公共福利和社会公正而需要国家，国家的权力和权威建立在公民和其他政治团体自由、自发和自主的活动之中，在这一共同体中发展出正义和法律的意识，信仰和互爱的意识，马里旦提出并肯定，在某个特定的时刻，公民愿意为了这一共同体献出他们自己的生命。

现代法治国家中的这个献身者，根本不同于卢梭《社会契约论》中的那个被迫的献身者——当君主对他说“为了国家的利益，你应当效死”的时候，他就应该去效死，因为正是根据这个条件，他才一直过着安全的生活，同时也因为他的生命已不再单纯地是自然的恩赐，而是国家负有条件的赠与。[①]同样，这种爱国的献身也不是极端民族主义分子的那种献身。民族并不能成为一个国家，但国家却能够优化一个民族，当一个政治社会业已组成时，特别是当它具有加强真正公民友谊的上百年的经验时，它自然地会在其内部产生出一个较高等级的民族共同体。[②]这时，国家的共同福利和政治目标，发展了民族共同体通过历史和想象的群体凝聚和自我认知；国家的法律组织和公民友谊，发展了民族共同体的团结、忠诚和荣誉。

二、对必要强制的沉思

马里旦所说的国家权力运行的正义，与较高的公民意识、

---

① 〔法〕马里旦：《人和国家》，沈宗灵译，中国法制出版社 2011 年版，第 39 页。

② 同上书，第 7 页。

较高的自由氛围密切相关。国家权力产生于公民自由形成的各政治体之中，并从共同福利（既是共同生活组织包含的物资和服务，更是共同的精神、良知和美德）的角度促进这种自主、自愿、自由的氛围形成。但和谐总是暂时的、偶然的，矛盾总是经常的、普遍的。对于一个自由主义者来说，言论自由就是想说就说，国家没有任何权力可以干涉表达，也没有任何权力可以强制表达。而一个马基雅维利主义者可能会赞同，极权国家所特有的武力镇压、鼓励告密、强迫劳动、监禁和肉体上消灭的行为，为了正当的、必要的目的，可以无关正义。

不同于两种极端立场，马里旦认为，正如健康的汁液才能结出优质的果实，政治必定是某种真正合乎道德的东西，强大与正义可以兼得，邪恶的成功不会持久，马基雅维利主义者必然自我毁灭。但是，权力运行的正义，并不意味着无沾染的纯洁——政治体的许多行为方式，例如，国家使用强制力（在反对非正义侵略者的绝对必要场合下甚至使用战争手段），使用情报机关和那些绝不应当使人们堕落，但又不得不利用已经堕落的人们的方法，使用那些绝不应当侵犯人们的人权，但又不得不粗暴对待他们的警察方法。还有许多对个人来说会受谴责的自私自利和自作主张，法律容忍的某些坏事，容许保留长时期以前所得的孽财（因为新的人与人之间的约束和重要关系已经在那些孽财中注入了新产生的权利）……现代法治可以承认这些手段，但关键在于，给权力手段建立一个等级体系，这些必要的权力手段最终应当符合不愧为人所采用的，并追求一个不愧为人所追求的目的……能体现出关系到共同福利实质的那种正义。[1]

因此，在民主国家，人与国家、权利与权力是相互控制的关系。人民采用选举、言论、压力集团等方式控制政府；同样，国家权力也可以基于必要，对人的权利予以强制。人的生存权、自由权、财产权和追求幸福生活的权利，都是自然法的要求，以人的本性本身为依据，但是，这并不意味着它们天然地就拒绝任何限制，或者它们是无限权利。马里旦区分权利的享有和行使，后者要服从正义在每一场合下所规定的条件和限制。如果我们可以公正地将一个犯人判处死刑，这是因为他通过犯罪已使自己丧失了权利，他在道德上使自己同人类共同体割裂开了。[2]

但问题是，何为必要？如何限制？

以言论自由为例，马里旦认为，用防疫和镇压措施同思想作斗争是无用的，积极的、建设性的手段比单纯限制自由更为有效。比如，这种手段可以源于自下而上的舆论的力量，而非自上而下的管控。通过自下而上的舆论团结读者和听众，团结作者和演讲者，使用公共意识和舆论的压力自发地、稳固地建立政治国家的精神，强大到足以使政治异端者失去领导地位……但与此同时，马里旦强调，一个民主国家应当懂得，人的主观的内在精力、理性和良知乃是政治生活的最有价值的动力。也应当懂得，任何对言论自由的直接限制，纵然在某些必要场合下是不可避免的，但它们是确保政治体在防卫自由、共

---

① 〔法〕马里旦：《人和国家》，沈宗灵译，中国法制出版社2011年版，第54页。

② 同上书，第88页。

同宪章和共同道德观方面的最坏的方式[①]，在某些特定情形下，国家可以要求一个数学家教授数学，要求一个哲学家教授哲学。这些都是共同体的职能。但是，国家却不可以强迫一个哲学家或数学家教授特定的哲学理论或数学理论。因为这些事物只取决于真理。[②]

三、对理性之治的沉思

权力二元悖论的原因在于传统法治理论的理性视角。古典自由主义者捍卫的个体理性的自洽、国家主义者对集体的物质福利和公共安全的过分关心，造成了人和国家的对立，因而建立于理性之上的法律规范在现实中的适用，经常面对类似的价值选择。但在马里旦对人和国家的感性理解中，我们似乎可以发现克服现代法治二元悖论的线索。

马里旦说，人首先是一个人，但并不是古典自由主义者眼中的孤独的、自爱的、自负的人，人有理性，也有逐渐领悟自然法则的禀赋能力，但人不是自洽的，他受制于身体需要、无知、自私和本能。同时，他还必须在家庭中生活，并作为政治共同体的一分子。马里旦引述亚里士多德的话说，因为人天生是政治动物，要过政治的生活，所以人必须在群体中赢得自己的人格和自由，通过国家和其他政治体去认识自我和他人——

---

① 〔法〕马里旦：《人和国家》，沈宗灵译，中国法制出版社 2011 年版，第 9 页。

② 〔法〕马里旦著，〔加拿大〕威廉·斯威特编：《自然法：理论与实践的反思》，鞠成伟译，中国法制出版社 2009 年版，第 71 页。

> 在对巨大灾难的共同悲痛中，在耻辱和痛苦中，在行刑者的击打或者在全面战争的轰炸中，在集中营中，在大城市饥民肮脏的小屋里，在所有共同的迫切需要中，独居的大门打开了，人就认识了人。当瞬间美妙欢快或者伟大爱怜的甜蜜擦亮他的眼睛，他也认识了人……①

从一种感性体验的、而非理性思辨的对人的重新理解，人的联合、国家权力以及适用于现代人形象和精神的法，也获得了一个新的理解维度。人与人的共同生活，起初源于战争和强权逼迫，正如罗马帝国在征服地留下罗马士兵在那里安家落户；但是现代国家，在马里旦眼中，一切权力、一切政治体和一切法，应源于并回到亚里士多德提出的友爱。马里旦把这种爱赋予了他的天主教信仰的色彩。他认为，人法分享上帝的永恒法和神对人类的爱，而人对自身，对社会和政治法则的应然状态，对公民友爱的理解，并不是可以全然明确的，它是不成文法，随着人类良善趋向和禀赋知识（而非理性）的增加而逐渐增加和趋于完善。极端民族主义者的仇恨、绝对权力主义的贪婪和侵犯性以及古典自由主义者的自恋，都是公民友爱的对立面。

马里旦的公民友爱的理论根基，存在于他对中世纪经院神学家、法学家圣·托马斯·阿奎那自然法理论的复兴和发展。这种凝聚和调整人类社会关系的法则，不是人的理性发现的规

---

① Jacques Maritain, *Ransoming the Time*, trans. by Harry Lorin Binsse, New York: Charles Seribner's Sons, 1941, p. 8. 转引自杨天江：《马里旦：自然法的现代复归》，黑龙江大学出版社 2013 年版，第 230—231 页。

范和秩序，而是客观存在的、随人类社会的演进逐渐被人领悟的应然，它是并应当成为实在法的标准和指南。

尽管人们总是批评自然法的“天真浪漫”“不切实际”，然而，人类社会的进步和现代国家、现代法治的产生，正建立在这些“天真浪漫”“不切实际”的思想之上。1944年至1948年，马里旦被任命为法国驻梵蒂冈大使，他积极参加了一系列外交活动，其中包括起草《联合国人权宣言》。超越分歧并在世界范围内达成全人类的爱的联合，马里旦所主张的人权、民主宪章、永久和平以及世界政府的想象已经部分地成为了现实。

霍姆斯

司法说理的根据在于对法律的认知

奥利弗·温德尔·霍姆斯（Oliver Wendell Holmes），1841—1935，1902年至1932年担任美国联邦最高法院大法官，美国实用主义法学的开创者，著有《普通法》等。

某些程度上，光环会遮蔽我们对人和事的正确看法。柏拉图区分了“知识”和“意见”，对人及其作为的客观认知，是我们应追寻的“知识”，而光环及其他评价则是人为的、主观的“意见”。没有人会质疑霍姆斯法官在美国法律史上的“伟大”——“伟大的异议者”“伟大的自由主义者”“进步主义的法官”“实用主义法学、社会学法学和现实主义法学的奠基人”……根据传记作者爱德华·怀特对其声望的分析，霍姆斯的光环和赞誉，很大程度上源自其论说和判决与19世纪末到20世纪初美国社会变迁律动的契合。

然而，这些“司法克制的理念”或“对劳工运动的同情”，不能被当然地视为霍姆斯作出判决的根据，事实上，这些“意见”也并不是霍姆斯作出判决的根据。正如他在洛克纳案件中所说的，每一种意见都想成为法律，但道德理论或经济理论的研究并不是法官的职责。如果我们忘记霍姆斯的伟大的光环，完全进入他的著述和司法意见，就会发现，远在形成“意义”之前，霍姆斯已经形成他自己对法律的认知——是霍姆斯对法律的认知——这些实证的、历史的和实用的法律的“霍姆斯视角”渗入到后来的判决中，持久而一致，被时间验证为明智的“预测”，至于保守还是进步，那只是读者眼中的哈姆雷特。

一、实证的分析：责任概念

19世纪末期到20世纪初，公权力限制个人自由的正当性，成为几乎所有美国最高法院审判案件的核心问题，契约自由的限度、自由竞争与联合的限度、言论自由的限度，等等。无论在马萨诸塞州最高法院期间，还是联邦最高法院期间，霍姆斯对此都保持了一贯的看法，即他在撰写《普通法》时期已经形成的，从“义务”“责任”“行为后果”“历史脉络”中进行分析的实证的法律思维。

1891年的佩里案[1]，判断马萨诸塞州议会通过的法案——该法案规定雇主不得因工作中的瑕疵而拒付工人的任何一部分工资——是否违反《美国宪法第十四修正案》所保证的契约自由。霍姆斯在异议中，展现了对合同责任的特别关注。契约自由强调当事人订立合同的权利保障，但这与合同责任并不矛盾。州立法对契约自由的限制，正在于对这些合同责任的确认。如果这些确认与特定合同的责任要求一致（无论涉及合同双方的责任，还是合同本身的社会责任），这些立法就不能被认为是违反了宪法保障的合同精神。霍姆斯在其判决意见中指出，美国宪法或州的宪法……无法减弱所确定的合同责任，也许立法的目的在于保护工人免受雇主以工作瑕疵的借口被扣除工资，但这不是他作出判断的根据，法律的根据在于，这个法令确认了雇主合理支付工资的责任。雇主责任的确定通过给予工人救济手段得到保障，即因为这个法案，使得工人们有权因雇主错误扣除工资而获得救济。而这种保障和宪法中规定的自由订立合同的保障应当是一样的。

霍姆斯在1905年的洛克纳案[2]中所发表的著名的异议，支持纽约州立法对于面包制作行业中工作时间的限制规定，其理由仍然在于某种实证的考量：契约自由并不是大多数法官抱有的不可推翻的道德上的或经济上的信条，州立法基于健康原因对契约自由的限制，其正当性既存在于历史之中，如星期日法

---

① Commonwealth v. Perry, 155 Mass. 117, 123 (1891)

② Lochner v. New York, 198 U.S. 45 (1905)

案、高利贷法案，也存在于现实之中，如有关接种疫苗、规范买卖股票等法案。这些法案的相似之处，都在于确认了合同本身的某种社会责任，而这种责任是州立法有权确认和保障的。又如1915年的卡佩吉案①，雇主们为禁止雇员参加工会而采取的协议，被认为违反了堪萨斯州关于禁止此项协议的法令，原告即其中一位雇主卡佩吉提出上诉，质疑该法违反契约自由，霍姆斯的异议重申了在佩里案、洛克纳案中所表达的观点，州立法的目的在于确认合同中当事人实际的平等地位。平等地位是权利，亦为相对人应予以尊重的合同义务，此义务与契约自由应同为宪法保障的合同精神。

二、实用的分析：行为后果

对于商业联合的限度问题以及言论自由的限度问题，霍姆斯遵循了同样的实证思维，即围绕实际发生或可能发生的“损害后果”或“行为效果”，判断个体行为的罪与非罪或责任与否。这个考量撇除了对行为本身道德性的判断，也撇除了对行为人的主观状态的判断，它立足于客观效果。

早在《普通法》撰写的时期，霍姆斯已经形成了这样的法律观：行为之所以构成犯罪，是因为它们在某种环境下实施，在这种环境中，这些行为可能造成法律试图阻止之伤害。检验行为是否属于犯罪，即由经验揭示在那些环境下实施行为的危险程度。在这类案件中，当事人的犯罪意图，或者说实际的恶

---

① Coppage v. Kansas，236 U. S. 28（1915）

意，是完全不需要的……[1]侵权法的一般目的是确保一个人就他对他的邻居之人身、声誉或财产所构成的某种形式的损害作出赔偿。而之所以要赔偿，不是因为那些行为是错误的，而是因为它们属于伤害行为……侵权理论可以被非常简单地概括，不涉及任何道德，责任的根据在于，考察已知环境下从事该行为的危险性……[2]

1893年马萨诸塞州最高法院时期的汉森案[3]，报纸报道汉森酗酒和被捕的消息，姓名高度相似、被报道出的住址和职业相同的另一位汉森控告报纸的行为构成诽谤。霍姆斯的异议认为，报纸的行为构成诽谤。其理由在于，有充分证据表明被告行为产生了对原告诽谤的效果——被告行为不可避免地会导致社会公众或者其中认识原告的那部分人认为被告的报道确是关于原告，虽然被告并没有诽谤的"意图"，但霍姆斯认为，这种主观考量道德中"恶意"的存在或不存在并不能够成为免责理由。他说，这种情况非常类似于向街道内放枪，当有人倒下时，（行为人）声称并不知道有人在那里……同样应当承担责任。

霍姆斯对商业联合限度问题的判断亦遵循此思路。1904年他在北方证券公司案[4]中发表异议，认为商业联合和规模经

---

① 〔美〕霍姆斯：《普通法》，冉昊、姚中秋译，中国政法大学出版社2006年版，第66页。

② 同上书，第124页。

③ Hadley P. Hanson v. Globe Newspaper Company，159 Mass. 293，299 (1893)

④ Northern Securities Company v. United States，193 U. S. 197，400 (1904)

济总是不可避免的，判断一项商业联合构成垄断与否的标准，并不在于审查是否存在联合的行动，或是联合后的规模，“规模与问题的实质无关”。而在于判断这些联合以及形成的规模是否构成将明确地将“竞争对手”排挤出该业务领域的危险等实质效果。霍姆斯说，“我再次强调…… 限制贸易方面的联合或者同谋就是联合起来将第三人排除在协议之外”。

在申克案[①]等涉及言论自由限制的案件中，霍姆斯同样将表达行为的损害后果，作为判断具体情形是否受到《美国宪法第一修正案》言论自由条款保护的根据。美国一战期间，申克在应征队伍中发放传单，宣传反战的观点，霍姆斯主笔的判词裁定，申克在这种情况下不受宪法言论自由条款的保护。其理由在于，这些言论在国家战争状态，在军队中产生了构成实际妨碍征兵活动的危险。

可以预期这份文件会对那些人（应征入伍的人）产生什么样的影响……一切行为的性质均取决于实施该行为的环境……即使是对于言论自由最严格的保护，也不会保护一个在剧院中谎称失火而引起恐慌之人。在任何案件中，问题均在于，所使用的言辞是否在此类环境中予以使用，并且是否具有将会造成明显且即刻的危险 ……当国家处于战争状态……只要人们在战斗，他们的言论就不会得到容忍…… 如果可以证实存在某种对于征兵活动的实际妨碍，那么就可能会追究造成那一后果的言辞的责任。

---

① Schenck v. United States, 249 U. S. 47 (1919)

三、异议判决的现实、冷漠和价值

霍姆斯在司法过程中的实证和实用的法律分析，撇除了正义的、道德的、政治的考量。然而，这些分析并不完全遵从类似边沁和奥斯汀的逻辑。他借鉴了他们的聚焦法律概念的分析，但形成判断的最终根据，霍姆斯明确表达为“经验”。正如他在《普通法》撰写时期已经认识到的，证明体系的逻辑一致性要求某些特定的结论是一回事，但这并不是全部。法律的生命不是逻辑，而是经验。[①] 何为特定环境？何为明显、即刻、实质的危险？这些问题，并不存在确定的可由逻辑推演得出的答案，霍姆斯认为，它仍然是模糊的标准，需要经验确定。

发生于1919年，与申克案极为相似的，判断涉案反战言论是否受到《美国宪法第一修正案》保护的问题——案件中的两名被告从建筑物窗口向外散发传单，宣传和指责美国向俄罗斯派遣军队，指责战争以及美国阻止俄罗斯革命的活动——霍姆斯的异议延续了“实质危险”的标准，但判定这些行为并不构成临近灾难的危险。类似的，在1925年吉特洛案件[②]中，吉特洛在抄本中散布左翼宣言，呼吁通过罢工和任何形式的共同诉讼建立社会主义。霍姆斯认为，根本不存在少数人企图暴力

---

① 〔美〕霍姆斯：《普通法》，冉昊、姚中秋译，中国政法大学出版社2006年版，第1页。

② Gitlow v. New York 268 U. S. 652，672（1925）

推翻政府的即刻威胁。霍姆斯说，如果那些在无产阶级专政中所表达出来的信仰注定会被该社会中的主流力量接受，那么言论自由的唯一意义就在于它们应当被赋予机会并享有自己的表达方式。

这些裁判结论似乎塑造了霍姆斯的自由主义者的形象，然而，在1895年戴维斯案①、1923年的迈耶案②等案件中，对于未经行政部门许可的公开演讲，或者违反行政法案组织幼儿阅读德文的教学活动，即便这些内容并不构成明显的、即刻的、实质的危险，霍姆斯仍然支持了立法机构对公众的在这些领域的控制权力。基尔斯等其他案件③的判决结论，也让人不情愿地看到了霍姆斯对言论自由的不一的态度以及对少数族群受到歧视的冷漠。

实证的分析使得司法说理的过程获得了某种确定的、客观的基础，它撇除了易造成模糊混乱的道德价值的考量，如言论本身的性质、人的主观善意与恶意等问题；实用的视角同样是与道德评价分离的，它不关注人，而关注效用，特别是案件中涉及的社会价值。有种说法，把霍姆斯的义务、责任、社会整体的法律视角与他大学期间参加联邦军作战的经历关联起来，这些经历塑造了霍姆斯现实的、怀疑的又伴随某种组织纪律和责任感的人生态度，并渗入到他的司法哲学之中。但这种现实的、怀疑的、组织纪律的和义务责任的哲学，却忽略了（也许

---

① Commonwealth v. Davis，162 Mass. 510（1895）

② Meyer v. Nebraska，Bartels v. Iowa 262 U. S. 404，412（1923）

③ Giles v. Harris，262 U. S. 390（1923）

是有意的，霍姆斯也曾这样解释他没有孩子这件事，他说这是一个我不愿意带任何人来到的世界……）对个体的、对人的、对正义问题的关注。或许在某些案件中，进步与自由的光环是种误解，然而，“伟大的异议者”是专属霍姆斯的，一如尼采所说，一个人之所以伟大，不是因为他顺应了他的时代，而是因为他抵抗了他的时代。霍姆斯异议判决的价值不止于此，它们开启并影响了新的时代，实证与实用混合的、结果和目的导向的、社会整体视角的现代司法的时代。

卢埃林

规则之治的怀疑与确信

卡尔·N. 卢埃林（Karl N. Llewellyn），1893—1962，美国现实主义法学代表人物，美国《统一商法典》起草人，曾任耶鲁大学法学教授，著有《普通法传统》等。

近现代法律制度的理论基础，来自启蒙时代思想家们的贡献。人可以凭借自身力量去认识自己，认识自然，其力量来自人的理性；通过人的理性亦可以推演出普遍适用的、可网罗人类社会重要事务、关系和纠纷处理根据的法典。

笛卡尔指出，真正的知识类似数学思维的过程，即从永远为真的大前提，进行推导、得出结论。在法律领域、在司法推理中，法律规则是理性的凝结，可以看作永远为真的大前提；司法推理的过程，即法律规则作为大前提，法律事实作为小前提，进行推导，得出判决结论。

贝卡里亚在《论犯罪与刑罚》中亦指出，法官对任何案件都应进行三段论式的逻辑推理。大前提是一般法律，小前提是行为是否符合法律，结论是自由或刑罚……“法律的精神需要探询”，再没有比这更危险的公理了。贝卡里亚强调刑事法官恪守法律，不能解释法律，为的是维护法律的明确、稳定，法律应当成为既定的指引，而不是争议的对象，否则公民的命运经常因法庭的更换而变化。不幸者的生活和自由成了荒谬推理的牺牲品，或者成了某个法官情绪冲动的牺牲品。①

美国现代法学家卢埃林却认为，法的确定、法治的稳定，并不取决于法律规则，他也并不认同这种推理方式达成的正义。

一、法治的稳定取决于情理的恒常性

1960年出版的卢埃林最后一部著作《普通法传统》，列举了14个确保上诉法院审理工作“可估量性”、维护普通法传统

① 〔意〕贝卡里亚：《论犯罪与刑罚》，黄风译，北京大学出版社2008年版，第16、17页，“第4章 对法律的解释”。

的稳定因素，无一涉及法律规则。14 个确保法治稳定的因素，可归纳为三类。

其一是法律职业。卢埃林指出，受过法律训练的官员，能够共同享有观察和理解社会生活的语言，即法律概念和自由观念，因此在审理过程中能够运用法律语言同法的原则精神保持一致，并也能够在处理先例取舍和规则选择中分享公认的技巧。他们具有共同的职业伦理，达成最终明确的、公正的判决意见并展示异议判决，这种工作气氛指导和影响着审理过程。

其二为法律程序。包括上诉审理中事实问题的限定，即上诉法院可考虑的事实限制在下级法院的法庭记录中。法律问题的限定，即对原审判决的维持、驳回等问题的考虑。也包括审判过程中律师的对抗性辩论，廓清和生动展现案件事实，确保法院承认并依循权威先例意见进行审理以及最终达成的集体判决，确保减少个人偏私，保障法律意见的完整性。

其三为司法制度。包括法官的制度性保障，如不会因错误判决归罪，卢埃林认为，如果法官可以因其“错误的判决”而归罪，那么某种恐惧的心理因素便会产生……加大案件结果的偶然性……司法奴性不仅产生不正义，而且产生了日复一日的不可估量性①，以及普通法历史上伟大法官观点和风格的影响力，甚至还包括建筑内部陈设、服装、仪式等产生的某种“压力”“束缚”……。

法律人和法律制度，而非法律规则，维护着普通法的法治

---

① 〔美〕卢埃林：《普通法传统》，陈绪纲、史大晓、仝宗锦译，中国政法大学出版社 2002 年版，第 34—35 页。

传统。事实上，人们对法的安定产生忧虑，正源于法律规则的变动、不确定、不可估量。笛卡尔和贝卡里亚所说的司法推理带来的法的安定，在卢埃林看来是不存在的，法律实践，得出判决意见的过程，并不是从各种权威性依据推导结论，某种确定的值得珍视的原则——过去未曾有，现在没有，甚至将来也不会得以实现。[①] 这个结论并不是卢埃林的主观臆断，而是建立在他对美国诸州诸多先例作为样本的实证考察之上。通过大量的样本作为例证，卢埃林指出，在表面的遵循之下，涌动着一股经久不衰的创造的暗流。[②]

卢埃林继而指出，是社会生活、具体的案件情境导致了规则的变化流动，情境事实不断要求倾向为寻找一个公正的解决方案去选择规则[③]，因此，在司法推理的过程中，法律规则不能再作为（或从未成为）支配的力量、永远为真的大前提，这个过程的重心毋宁是，法官对生活事实的充分、真正理解，继而去选择一个稳妥的规则给予合适的救济。法官重新把握情境、重建规则，因此，法的确定性并非由逻辑演绎得出，而是由社会力量相互冲撞所达到……法律与生活相互作用，引出合乎情理的恒常性……真正的理想是判决的合理恒常性。[④]

---

① 〔美〕卢埃林：《普通法传统》，陈绪纲、史大晓、仝宗锦译，中国政法大学出版社 2002 年版，第 10 页。

② 同上书，第 137 页。

③ 同上书，第 148 页。

④ 同上书，第 219—220 页。

二、真正的规则源于生活事实

有人认为卢埃林的两个贡献，即建立现实主义法学的规则怀疑理论和编纂美国《统一商法典》的商事规则，是两件矛盾的事，对规则怀疑理论的批评，包括来自卢埃林欣赏和推崇的、同时代的美国社会法学家庞德和卡多佐。应当认识到，现代思想中的怀疑主义，包括卢埃林、庞德、卡多佐的论说和实践，也包括被卢埃林称为激进的现实主义者弗兰克的“事实怀疑论”，都并不是对规则、理性和秩序“存在意义”的否定，或把认识归于偏见和幻想；怀疑主义是理性认知的一部分，在卢埃林这里发展为情境理性。

卢埃林参与编纂并担任首席报告人的美国《统一商法典》，即为卢埃林的现实主义法学、规则观，调和形式与实质、价值与事实的成功例证。这部法典遵循了卢埃林摒弃规则形式主义，注重商业习惯、情境理性的现实主义法观念，被以卢埃林的名字称呼为“卡尔法典”“卡尔法”。

其一，在立法体例上，《统一商法典》没有沿袭《法国商法典》《德国商法典》从学理角度对零碎商业实践予以归纳和抽象的立法模式，而是以完整的交易行动过程为中心构建规则——涵盖买卖交易过程以及与之相关的资本经营。其二，在立法目的上，法典明确规则的意义在于指引、服务，而不是管理。明确在普通法背景下，允许法官运用一切法律获得公正的判决结果，而非把该法典作为唯一的、全面的根据。其三，在法律解释上，法典明确为促进贸易对法律作灵活解释和适用，并且在法律措辞上，留下极大弹性的解释空间，如“合理的”（reasonable）一词反复出现。正如第1—204条对“合理时间”的定义，明确是否合理，取决于采取这种行动的性质、目的和环境，而非生硬规定若干天是合理时间。

在具体商事规则中也渗透着同样的观念。例如，法典对传统合同对价观念的突破。在英美合同法上，对价是判断当事人之间合同权利和义务的主要根据，是合同存在的基石。然而《统一商法典》第二编买卖编，若干条款突破了这个基石般存在的传统观念。第2-205条“确定的要约”规定，在一定条件下，商人不得因缺少对价而撤销要约；第2-209条“合同的变更、解除及合同条款的放弃”规定，变更本编范围内的合同的协议，无须对价支持即具有约束力。在《普通法的传统》中，卢埃林曾论述过对价问题，他以1917年伍德诉杜夫人案为例，赞同卡多佐在其司法意见书中的观点，即合同对价的探寻应当超越合同文本形式，从整体的、实质的事实理解中获得。①

被告杜夫人是一位时装设计师，她雇佣原告伍德先生帮助销售她设计的服饰产品，并且承诺伍德先生享有独家销售的权利，但这个承诺并没有写进合同。后杜夫人瞒着原告销售自己设计的产品。法官需要判断的问题是，原告是否享有独家销售的权利？如果不能证明独家销售问题上对价的存在，就不能证明此权利的存在。在这份司法意见书中，卡多佐回顾了合同法的历史。他指出，合同法已经走过了形式主义的阶段，今天，

① 〔美〕卢埃林：《普通法的传统》，陈绪纲、史大晓、仝宗锦译，中国政法大学出版社2002年版，第136页。

合同中的允诺可能是不充足的，表达可能是存在缺陷的。然而，作出判断的依据并不在于这些，而应存在于整体的情境之中，在全部的文意中寻找对价。他从合同延续的时间、原告公司成立的目的以及被告在交易中获得的丰厚利润等事实得出判断，即便没有字据的证明，但在合同的整个文本中，在许多的情境中，渗透着对被告义务的要求。①

关注事实情景的观念，同样体现为法典中规定的留待后定条款。在传统合同法理论中，合同成立的重要条件在于合同的确定性。而依据法典中留待后定条款，如果双方当事人有明确订立合同的意图，即使缺少几项条款，合同仍然成立，缺少的条款可以在以后由双方当事人确定。第 2-305 条至第 2-310 条即涉及合同订立的重要事项：价格、交货地点、付款时间等。又如，法典对于交易中所有权转移问题的规定，摒弃大陆法学复杂、抽象的思考，不考虑所有权何时“应当”转移等观念问题，而规定依合同所实施的行为可直接产生法律后果。《统一商法典》用事实、行为取代抽象，尊重商事习惯，促进而非管理贸易的立法精神、体例和规范内容，也为后来的《联合国国际货物销售合同公约》吸收。

三、法律现实主义对理性主义的颠覆与延续

启蒙思想家帮助人们意识到，离开了神，人可以凭借自身获得确信和指引。而现代思想家不过是将这种确信和指引从对

① Wood v. Duff-Gordon，I 222 N. Y. 88，118 N. E. 214（1917）

人的理性能力的依赖，扩展到其他的客观存在之上，包括神话、语言等保留的历史遗迹、现实生活的种种实践，也包括弗洛伊德研究的情绪、梦境等非理性的客观表征。这些研究共同表明，理性以及在法学中理性表达的规则部分，并不是达成可靠结论的唯一根据，可靠结论、秩序感（包括法治），不能单单建立于信念，而应当首先还原对客观事实的真正的认知。

关注现实并重新认识事实，可以看作现代社会科学研究的共同趋向。它体现为浪漫主义、现实主义、历史法学、社会学以及心理学等对启蒙思想、理性主义的反思或反叛，开始从“历史”——维柯倡导，从神话和语言中探寻对现实生活和人的认知，以及从“社会”——涂尔干倡导，通过行动和制度的客观表征，重新认识国家、家庭、所有权、刑罚等观念和社会事实……

关注现实并重新认识事实，同样也是现代艺术的革命。《亚威农少女》被认为是毕加索的第一件突破传统透视法，开启现代的立体主义的作品。画面中有五个裸女和一组静物，不过，这些形象既没有呈现理念中的美，也没有呈现视觉中的真，传统透视法中的人体结构和比例被打破、扭曲、肢解和重新组合。毕加索的颠覆并不是任意和无意义的，相反，它开始展现现代艺术观察和表达现实的一种新的态度，即艺术求真，并要超越视觉真实。

卢埃林的现实主义法学怀疑规则理性、倡导情境理性，正是现代思想对现实的认识，从价值理念的层面转向事实层面，在法学领域的投射。卢埃林主张规则怀疑论，并不意味着他否定法治中规则的意义。在《传统与社会科学方法：一个现实主义者的批判》中，卢埃林指出，概念的形成以及查明……对于科学的进步永远都是必要的，没有严格定义的概念……意味着任何事情都是可能的……90%到95%的工作将是徒劳的……因为科学的基本原则正是从中而来。

卢埃林的规则怀疑论针对的是那种规则中心主义的错误，即把规则看作法学家和法官进行认知的核心，法治并非规则之治，因为法律意味着更广泛的东西（包括法律人与制度），而不仅仅是规则。规则也并不是权威根据，而是法官裁判的选择条件和达成可欲结果的工具，法律研究和法律实践的重心应当放在关注生活事实和具体案件的情境……这些并不是什么高深的理论，卢埃林自己也这样评价，这不过是一种方法，一种视角的转化。

然而，这种方法、视角转化的意义在于，正如卢埃林在研究夏延族印第安人的法律时总结的，它解决了法律的形式与实质、价值与事实的矛盾：法律与公正根本不需要发生冲突，甚至不需要发生太多的紧张，反而能够表现出一种日常工作的和谐。这也让人们意识到这样一个事实，形式、先例或者传统与需要之间的张力……不必在整个法律制度中成为一种持续的张力，因为一个具有充分的自我调节能力的法律制度可以融化这种张力，将其溶解在一个新的、具有指导性、并且人们能够感觉到的行为准则甚至法治之中。①

---

① 〔美〕卢埃林：《普通法传统》，陈绪纲、史大晓、仝宗锦译，中国政法大学出版社 2002 年版，第 607 页。

菲尼斯

正义之治的客观叙事

约翰·菲尼斯（John Finnis），1940— ，澳大利亚法学家，现任牛津大学法学教授，著有《自然法与自然权利》等。该图摄于1987年。2019年，菲尼斯教授首次访问中国。

一、正义的“看见”和“证明”

强调法的价值取向，强调实在法对正义理念的服从，源于古希腊思想家苏格拉底。苏格拉底认为，世界上的东西有两种，一种是看得见的，一种是看不见的；一种是容易吹散的，一种是不怕吹散的。没有人亲眼看见过绝对的美、绝对的善、绝对的公正，但苏格拉底相信它的存在。他说，当灵魂超越肉体，独自思考，进入智慧的状态，就能够“看见”正义和其他的永恒存在。[①] 苏格拉底对永恒价值的信念极大地影响了后世思想家的理论学说。绝对价值成为一切人类组织和行动的根本目的，亚里士多德称它为“善”，斯多葛学派和古罗马法学家称它为“自然”，中世纪神学家托马斯·阿奎那称它为“神意”。

但是，如果绝对价值只是哲人的信念和少数人的“看见”，它如何能够成为一切人类组织和活动的根本目的？如果善与正义只是主观信念而非客观存在，它如何能够成为法律科学的根据？

于是，相对的，边沁、奥斯汀开创的分析实证法学，开始强调法与伦理道德、政治意识形态等价值评判的分离，法的分析实证以客观存在的法律制度和规则为观察对象，通过解析法的内在要素，如“命令”“规则”“主权者”等概念，构建自洽

① 〔古希腊〕柏拉图：《斐多：柏拉图对话录之一》，杨绛译注，生活·读书·新知三联书店2015年版，第22页。

的法律科学。法的效力源于法律内部更高位阶的规范，而宪法构成法律的根本效力根据。

分析实证法学的现代继承者，奥地利法学家凯尔森指出，既然人类分成许多民族、阶级、宗教、职业，所以也就有许多不同的正义观念……的确有一个自然的、绝对善良的秩序，但却是先验的因而是不能理解的；的确有正义这样一种事物，但却是不能明白界说的……[①]科学求真，而正义的面相是模糊的；科学具有普遍适用和可验证的特征，而正义的内涵总是相对的。

作为新分析法学派首创人哈特的学生，澳大利亚法学家、牛津大学法学教授菲尼斯却要重回古典，重建现代法治的效力根据。菲尼斯主张，法的效力和权威源于自有、永有的正义法则；作为实践理性的正义是客观的、可度量的并能够达成普遍共识。

少数人“看见”的善与正义，如何“证明”它的客观存在并成为一切人类组织和活动的根据？菲尼斯回答说，善与正义不能通过思辨理性、事实推论、人性善恶得以“证明”，为人感知的善与正义，是在实践理性的活动中获得和体会的。他举例说，知识是人类社会的基本善之一，知识的价值不能得到证明，也不需要得到证明，因为不是每个人都承认知识的价值，它的价值也不取决于智人、伟人的论断，知识的价值只有在体会强烈追问冲动的实践活动中、在探索问题和答案之间联系的实践活动中才能显现。此时此刻此人就能够了解知识价值的客

---

① 〔奥〕凯尔森：《法与国家的一般理论》，沈宗灵译，商务印书馆2013年版，第33页。

观真实。善与正义的价值，亦是如此。

二、正义内涵和价值共识

菲尼斯将正义拆解为以下三个方面：第一，正义处理人际交往关系，只有当存在复数的个体，以及涉及他们状况的实践问题或彼此之间的互动，才会存在正义或非正义的问题；第二，正义处理人与人之间以“债”为核心的义务和权利关系，人们欠了什么或归还别人的债务，相应的他人有何权利；第三，正义的标准，包括共同体内部分配和再分配的平等原则，也包括对个体交往中打破平等状态的矫正，如违反合同义务、侵犯财产权利等。①

很明显，菲尼斯对正义标准的论述建立在亚里士多德分配正义和矫正正义的框架之上。但同时，菲尼斯对正义元素的拆分隐含并修正了柏拉图在《理想国》② 开篇有关正义的三个定义的讨论：正义就是“助友害敌”“欠债还钱”“强者的利益”。菲尼斯将“敌与友”的主观论断，修正为现代社会中平等个体之间的关系；将“钱与债”的事实描述，修正为现代社会中“权利与义务”的规范关系；将“强者的利益”改变为对“平等原则”的实践。

平等是正义的标准之一，但菲尼斯将平等原则列为分配正义中的“剩余”原则而非首要原则。他认为平等分配存在于两

① 〔澳〕菲尼斯：《自然法与自然权利》，董娇娇等译，中国政法大学出版社 2005 年版，第 132—135 页。

② 以上定义为苏格拉底所反驳。〔古希腊〕柏拉图：《理想国》（第一卷），郭斌和、张竹明译，商务印书馆 1986 年版。

种情形：第一，自然资源是共同体的共同积累，为共同体所有成员平等享有；第二，当面临分配时，共同体所有成员有权平等地被尊重和考量。除此，无视职责、能力和贡献的平均分配，都不是正义。然而，基于职责、能力、贡献的分配原则，必然带来共同体内的财富悬殊，为解决财富悬殊的不平等，菲尼斯认为，超出了私人需要合理程度的剩余财产（某一个阈值），应当重新转化为公共资源，通过自愿交纳或政府征税、征收等方式将资源再分配，让更多人免于疾病、让更多人接受教育，逐渐实现共同体所有成员生活的基本价值。

所以，平等原则和正义的其他标准，最终服务于共同体所有成员生活的基本价值。菲尼斯认为，人类社会基本价值存在普遍和共通的内容，是可以被清楚认知的。参考人类学家的调查研究，菲尼斯论断说，在所有人类社会中都存在普遍的价值关注，包括对生命价值和繁殖新生命的肯定、注重对年轻人的教育、禁止无理由杀害他人、禁止毫无限制和混乱的性关系、友谊观念、互惠和财产的观念、对死亡成员尸体的处理仪式、对超人类权力的尊崇……

综合这些普遍价值，菲尼斯总结出 7 种美好的生活形态，他称为人类社会的基本善：（1）生命，意味着使人处于自决的良好状态的活力，也包括生育孩子、延续生命；（2）知识，它是亚里士多德所说的，相对于政治生活、物质生活，最为幸福的思辨状态，但在菲尼斯这里，知识的价值与其他的生活状态的价值是同等的；（3）游戏；（4）审美体验，可以看作是游戏的扩展，但无须像游戏那样必须由人亲自参与和融入；（5）社交和友谊；（6）实践理性，意味着一个人内心的宁静和谐，以及外在为人真实可信的状态；（7）宗教活动。

菲尼斯对人类社会基本善的总结，一定程度上反映出现代社会价值的多元和相对。他说，我们每个人都可以理性地选择把某种或者某几种基本价值作为自己生命中最重要的价值……这种变化在于他所选择的人生计划。

三、正义的法律化

因为基本善的多元化，共同体的交往与合作关系中需要政治权威的存在。在菲尼斯看来，个人的良善生活状态与共同体的价值目标是统一的。一个完美的共同体，在于政治权威的高度的“协调”能力，协调个人、社团、国家之间的合作，实现联合行动去追求共同的善。但是，为了实现交往、合作和协调的明确、具体、清晰、可预测，正义标准、道德话语不能“直接”用以指导，必须审慎地转化为法律规则。

菲尼斯以有关谋杀的法律为例。除非是在自卫的情况下，不应故意杀害无辜者，这一指令衍生于人命是善这一基本原则。但法律起草者不会按照直率的道德规则的形式起草法律，如“不应杀人”“禁止杀人”，而是表达为“杀人行为是犯罪行为”。菲尼斯说，道德规范熟知的人物、情节、动作都不见了，只引入了很多仅为法律家所知或最初只为法律家所知的人物、关系和事务……使得一系列的实践推理对于守法者成为可能和必要……这一专业起草的立法条文，在字里行间隐含了一种针对公民的规范性指示。[1]

---

① 〔澳〕菲尼斯：《自然法与自然权利》，董娇娇等译，中国政法大学出版社 2005 年版，第 225 页。

同样的，政治话语中的权利主张进入法律话语，也需要改变"……有权……"这样口号式、结论性的语调，要以具体的、限定的方式呈现出来。从人与对象，如生命权、财产权、言论自由权利等的"双向关系"，转化成具体的"三向关系"。要成为具有判断力和指引力的规则，必须具体描述相对于权利人的义务承担者的身份、义务的内容（包括适用义务的时间及其条件）、权利人身份或阶层，以及丧失权利主张的具体条件等。

正义的法律化，使得伦理规范通过法律思维、法律技术使共同体成员获得清楚的行为指引和成本预知，管理自己的生活。另一方面，法律以其特有的强制力保卫正义。法律规则因源于自然法规范而获得共同体中至高的权威，维持着共同体至高的理念，它有权规制各种人类行为、规范个体参与任何社团的条件、赋予共同体内各类社团规则和安排以法律效力，并对违反者予以制裁。

菲尼斯这样表述法律制裁对于保卫共同善的意义：通过法律制裁，它把法律确切的要求告知社会成员，不是通过训斥或印刷精美的文件来教育，而是要通过对那些背离了规定的正常方式的人的逮捕、审判及惩罚的公开的直观情景来进行……在犯罪分子和守法者之间恢复分配正义的利益平衡，通过惩罚而剥夺确定有罪的犯罪分子的选择自由，纠正了共同体中被扰乱的利益和损害分配的格局。①

① 〔澳〕菲尼斯：《自然法与自然权利》，董娇娇等译，中国政法大学出版社 2005 年版，第 210—211 页。

四、古典正义理论的复兴与调和

如亚里士多德对法治和良法善治的区分，菲尼斯将那种法律体系合法完备的形态称为法治，它包含了美国法学家富勒界定的“程序之治”的要求，并通过职业法律人系统地运作。法治本身并不意味着良善，它仅具有可预见性的基本价值，除非法律的制定者谨慎地使用法律，使之成为善的法律。只有通过道德判别和证成，法的统治才会成为良法之治。法律规则发端于自然法规则，类似阿奎那所说的“房屋、门、门柄的比例、规格”与“建造的一般观念”的关系。虽然款式、细节变化不一，建造者存在理性选择的自由，但一般观念稳定地调整着具体构造。法律规则与自然法规则也是如此。

菲尼斯指出，法治到良法善治的改善，在于确定法律规则和原则的内容、确定制定法律和实施法律的程序，把法律理解为克服恶的手段，一方面克服无政府的状态，另一方面克服专制。在具体的法律规则背后存在例如不可杀人这样稳定的、客观存在的价值原则，除此，还有禁止反言、欺诈使一切无效、不当得利应返还、不支持对权利的滥用、以协议改变现有法律关系模式的相对自由、任何人都不能审理事关自身的案件，等等。这些原则内容和制度、程序，是人类社会通过经年累月的实践理性活动，逐渐认识和增加起来的。

菲尼斯的正义和法律理论像鸡尾酒盛在一只古董杯里：他相信绝对价值的存在，又用分析实证的方法解构正义、权利、义务等概念；他在很多方面重述了亚里士多德对善、正义和法治的理解，却抛却了唯一的至善，把自由主义的多元价值论引入对人类基本善的总结和阐发；他既是哈特的学生，又是阿奎那的追随者；作为虔诚的天主教徒，他却并没有提出自然法原则源于上帝意志，相反，他明确指出，善的客观存在显现于人的实践理性活动。在他有关法律的论述中，反复出现“协调”一词，他希望或者说相信古代哲人谈论的那种“和谐一致”，用以反对自由主义者设定的国家与个人的对立、形式与实质的对立、自由与平等的对立，等等。

古典正义理论在现代的复兴并不独发生在法律领域。美国现代社会心理学家巴特森设计了一个实验，分别在装有镜子的房间和没有镜子的房间，考察人们的判断和选择。结果显示，在感到被注视的情况下，人倾向于作出利他的道德行为；而在没有镜子的房间，人倾向于作出有利于自己的选择。这个实验验证了柏拉图《理想国》中，由格劳孔讲述的盖吉斯之戒的故事，一个牧羊人偶然获得隐身之戒，为恶为善都不会被觉察，于是他用魔戒夺取了王国。

巴特森的实验证实了人类确实具有这样令人担忧的倾向，而菲尼斯则致力于证实，为反驳格劳孔，苏格拉底对绝对价值和人能够作出理性选择的确信，同样是客观真实的。无论这杯鸡尾酒能否治愈现代人和社会的矛盾冲突、焦虑虚无，古典正义理论和自然法学说的生命力以及在西方学术领域的传承，都令人感慨。

施塔姆勒

正义法对形式法的矫正

鲁道夫·施塔姆勒（Rudolph Stammler），1856—1938，德国法学家，新康德主义法学的代表人物，著有《正义法的理论》《现代法学之根本趋势》等。施塔姆勒为图中后排站立者左起第六位。

古罗马作家革利乌斯在《阿提卡之夜》中记述了古希腊学者普罗塔哥拉授人辩护术，并收取高额学费的事。[①] 普罗塔哥拉和一位富家公子——幼阿瑟拉斯订立合约，普罗塔哥拉向其传授辩护术，作为报偿，幼阿瑟拉斯支付学费，授课前支付一半，授完之后，如果这年轻人打赢了他的首场官司，再支付另一半。可是等授课结束，幼阿瑟拉斯没有支付另一半酬金，也没有承接任何案件，他却通过从普罗塔哥拉那里学来的知识，以咨询服务的方式不断地获得收入。富有的幼阿瑟拉斯故意这样！普罗塔哥拉着急又生气，于是提起了诉讼。他说，无论如何幼阿瑟拉斯都必须支付另一半学费。如果他胜诉，根据合约，他必须支付；如果他败诉，根据判决，他也需要支付。幼阿瑟拉斯却辩称，在任何情况下他都无须支付，因为如果他败诉，根据合同，不用支付；如果他胜诉，根据判决，也无需支付。案子陷入僵局，法官无法下判。

德国法学家施塔姆勒在其代表作《正义法的理论》中引述了这个故事，并破解了这个古老案件的僵局。[②] 在其解答中，施塔姆勒区分了法律规则和法律目的、法的形式和法的正义。他指出，法律应置于目的的王国，实现正义。判断当事人的行为是否符合正义法，在于判断该行为是否本着达成双方合作的目的。幼阿瑟拉斯利用了实在法形式上的规定，自行其是，阻碍了双方合作目标的实现，是非正义的行为。在这种情况下，

① 〔古罗马〕革利乌斯：《阿提卡之夜（1～5卷）》，周维明等译，中国法制出版社2014年版，第263页。

② 〔德〕施塔姆勒：《正义法的理论》，夏彦才译，商务印书馆2016年版，第457页。

法律应当打断法的形式要求，促成更符合正义法理念的结果。

根据施塔姆勒的理解，法与正义并不是某种外在约束和标准，而是人们互动关系中的内在约束和限制——法是社会中人们的联合意志的表达，而正义是冲突意志的调和，正义法的调和原则为：第一，尊重的原则，即一个人的意志不得被迫屈从于另一个人的意志；要像对待自己那样对待他人、履行义务，义务人可以成为他自己的邻居；第二，参与的原则，体现为共同体成员不得被任意排斥，差别对待的特定状况中，被排斥者仍然可以保有尊严。透过正义法的两个原则——法律关系中的尊重原则和参与原则，施塔姆勒解答了多个法律规则与生活实践发生错位的疑难案件。

一、“邻人”的义务和权利

这是一个发生在腓特烈大帝时期的案件。磨坊主阿诺德的邻居想要汲取河水建造鱼塘，但这样一来就会极大减少阿诺德经营磨坊的用水量。邻居认为，既然阿诺德可以使用河水，他也具有同等自由，取水建造鱼塘不能被阻止，否则就是剥夺属于他的财产权。法院支持了这位邻居，理由是，只要此河流经他的土地，它就属于他，只要没有受到成文法或与他人达成契约的限制，一个人行使属于自己的权利并不对他人造成不公。但腓特烈大帝插手了此案，他认为判决结果存在极大的不公，他强硬地推翻了法院判决，捣毁了鱼塘，惩罚了涉事法官，并用他们的私产补偿了阿诺德在此过程中的损失，将一切复原。

谁的判决是公正的？原法官还是腓特烈大帝？施塔姆勒分

析说，阿诺德的邻居可以使用河水建造鱼塘，他有这个自由，但本案的中心问题不是判断被告是否具有自由，而是判断该权利是否正当行使。自由不是任意。个人离开他所属的社群就一无所是并且一无所有，他从这个统一的社群中获得他的权利，因此行使权利时，不能毫无顾忌。① 根据正义法原则，自由权利的正当行使意味着对自由的限制。它的限度就是，该邻居如此行为后，与阿诺德仍然可以成为邻居，就像阿诺德如此行为，可以与自己成为邻居那样。

根据尊重和参与的原则，恰当的裁判是这样的：阿诺德的邻居可以使用河水建造鱼塘，这是他的权利，但如果行使，他必须顾及阿诺德因此遭受的不利。当然他的权利也可不予行使，阿诺德需要与他共同承担因被限制使用河水而遭受的损失。事实上，在任何情形下，都可能存在某种损害，要么一方忍受，要么一方受限，这种损害应以实际认定的价值换算，在他们之间按比例分摊。

二、合同中的字句与真意

同财产权的正当行使一样，诚实信用地履行合同义务，同样意味着在一种相互关系之中的限制。作为伦理道德表达的“诚实信用”可以在尊重和参与原则中得以明确。施塔姆勒引述了一则英国的报道。利物浦某轮船公司从一位女士那里低价

① 〔德〕施塔姆勒：《正义法的理论》，夏彦才译，商务印书馆2016年版，第259页。

买到一块土地，双方合约中，有一项附加条款，规定该女士和她的伴侣在有生之年有权免费乘坐该公司的轮船。结果，合同生效后的第二天，她变卖家产，搬到该公司的轮船上居住，她另雇了一女仆陪伴。轮船公司多次提出支付一大笔钱请她放弃该权利，但她总是拒绝，直到三十多年后，这个令轮船公司头痛的精明女人终于在轮船上去世了。

双方当事人的协议有视同法律的效力，但它并不表明当事人可以仅凭合同中几个孤立的字句，把任意的要求视为神圣。正义法将那些陷于微不足道的争吵和对立的人从纯粹主观愿望和个人利益的狭隘中解救出来。① 诚信履行意味着扪心自问——当我这样去行为时，我愿意成为自己的邻居吗？合约的附加条款本意在于平衡轮船公司购买土地时的低价，但据估算，该女士如此出卖地产赚得四万多马克。根据尊重的原则，一个人的意志不能受到另一个人任意欲望的支配，如本案中利用对方的思虑不周，或在其他情况，向醉鬼继续出售酒水，向遭遇横祸的人放高利贷，利用他人的急难获得超值利润，这样的合约都是无效的。一个诚信履行的行为不会只顾自己的利益，它会考虑彼此利益并致力于合意目的的达成。

三、服务于“合约目的”的“形式”

在施塔姆勒看来，法律规则只是一种服务于人类目的的手

① 〔德〕施塔姆勒：《正义法的理论》，夏彦才译，商务印书馆 2016 年版，第 268 页。

段。当行为符合合意的目的，即便形式上存在瑕疵，仍然不失正当。在一个真实的案件中，某人向一保险公司提交了一份撤保通知，通知以电报形式发出，以正确形式寄给了该公司的董事们。对方却称该通知不是合适的告知，因为保险单上明确写着，撤保通知必须“以寄给董事们的挂号信的形式”发出。施塔姆勒指出，如果行为能够达成双方利益目的的实现，设置特殊的形式是没有意义的。另一例子中，一名患者看错了药方，自行到药店买药，发现错误后原样退回。施塔姆勒同样指出，药商应当退换，因为法律的制定不是为了形式上的逻辑，而服务于人们交往的利益。

解除法律关系的正当理由，则意味着该情形的出现使得双方合作的目的不能再达成了。施塔姆勒这样分析解除婚姻关系的正当理由，他说，婚姻是生活的纽带，是一种持续生活的共同体，是一种信任关系，它蕴含着这样的理念，当一方完全放弃自己的人身时，他从对方同样的无条件放弃的领受中又将自己的人身找了回来，婚姻忠诚因此是顺理成章的结果。[①] 解除婚约的正当理由，只能是这种理念不能达成的情况。施塔姆勒因此反对成文法中设定的允许离婚的特别条件，他认为，一方配偶的某个错误，法律所示某种理由，未必理所当然地破坏婚姻的未来，这些特别条件，使得离婚变得容易了。

---

① 〔德〕施塔姆勒：《正义法的理论》，夏彦才译，商务印书馆 2016 年版，第 451 页。

四、“善”的法律表达

在某些特殊情形下，严格遵守法律可能对必须承担不利法律后果的人负担太重，司法中可能诉诸“公平”或“衡平”原则予以宽缓。一位旅客误以为丢失了车票，于是又买了一张，过了一段时间，在大衣口袋里找到了。于是他询问铁路管理部门，看能不能得到一些补偿。按照规章制度，因为他没有在丢票后及时通知管理部门，因此丧失了受偿的权利。但是作为一种特别照顾，还是获得了车票价款的返还。这种特别照顾的根据是什么？

施塔姆勒认为，我们不能把它模糊地归结为“善意”“仁爱”“怜惜”“厚道”等道德伦理的表达，应当根据正义法的原则和方法，对特定案件中构成良法的条件形成客观、确定的认识。道德处理的是个体的动机、愿望和渴求，而法律处理的是联合意志。正义法要求考虑双方的利益、合约的目的，它必须在对正当性的寻求中获得。法官必须尽可能以有说服力的方式证明他的判断，判决必须是客观正义，而不是直觉正义。被恳求者打动，只考虑一方的利益，并不是正义。

施塔姆勒列举了一个法国的案件。一个镇子里的小杂货商请了一位城里的医生给他生病的妻子看病，因为病情严重，需要马上手术，医生建议另请一位技术高明的医生。于是杂货商送妻子到巴黎的医院做了手术，手术成功了。但他不久收到手术医生一笔高达 6000 多法郎的账单。他无法支付，因此被起诉了。法庭最终减少了一半的费用。理由是，价格的确定需要考虑双方当事人的具体情况，包括被请医生的权威性、疾病的严重程度、病人的收入状况等。医生有义务根据病人的收入调整其酬金。

施塔姆勒的《正义法的理论》旨在建立客观的正义判断，为法律中用以指称正义的道德伦理的表达，如自由、诚信、正当、宽宥等善的理念建立明确的判断根据。作为一种形式方法，施塔姆勒指出，它有别于自然法理论预设的“理想法内容”的表达。因为随着社会生活的不断变化，这些理想法的内容也会发生变化。相比构想“内容可变的自然法”，正义法理论采用了一种限制的表达形式，这种限制体现为两个方面，社会关系的限制和以义务为核心的限制。他希望这种表达能够成为普遍有效的表达形式，分析和评判任一历史阶段的法律，成为法律科学的表达。

在他看来，分析实证法学致力于构建法律科学的努力是失败的，在以上种种案例中，都共同表明了仅仅依据法律规则，并不能够得到令人满意的判决结果，必须诉诸法的目的、法律理想，即正义法的理念。以“限制”的方式建构的科学的正义法理论，是施塔姆勒的原创性的表达，但在其中我们仍然可以体会到与康德“自由意志的和谐”、基督教“爱人如己”的教义所共通的社会理想。

哈耶克

法治与自由

弗里德里希·奥古斯特·冯·哈耶克(Friedrich August von Hayek)，1899—1992，奥地利裔英国经济学家，政治哲学家，著有《通往奴役之路》《致命的自负》《自由宪章》等。1974年哈耶克获得诺贝尔经济学奖。

理论乃人对客观事物的认识和解说，它意味着理论本身带有很强的主观判断和个性色彩。一个学者的理论影响力取决于学者个人的学识、独创的思想、解说的魅力，更取决于他的理论接近了世人可以意会却未曾言说的那种“真实”。20世纪70年代，西方国家凯恩斯主义衰退，共产主义运动的社会实践出现种种问题，人们才发现，在20世纪30年代与凯恩斯论战失败的英国经济学家、政治哲学家哈耶克的经济、政治和法治理论，其实是社会长期发展趋势的伟大“预言”。关于市场经济和个人自由关系的论证，不是他自圆其说的故事，而是真切发生的“事实”。

一、自发秩序中的“不自觉”与“不自由”

人类社会的“起源”成为不少社会科学理论讲述和推演的大前提。柏拉图在《理想国》中从必要的社会分工开始，讲述城邦的产生和城邦的正义。亚里士多德从家庭、部落和部落联合的过程开始，展开其政治学理论。古典自然法学者们也讲述了这样一种由个体到群体、由自然到社会的过程，从人类社会的原初状态、自然法则和自然权利进入由社会契约构建的新秩序。古典自然法理论中的自然状态是虚拟的、假想的，这个虚构的前提，受到后来实证研究者们的批评，有的称之为修辞上的胡闹（边沁）。而社会分工、家庭、部落到城邦的社会演化的表达，则被后来的学者接受和认同。

哈耶克的政治、法律理论亦存在这样一个“起源”的讲述。柏拉图、亚里士多德一直到古典自然法理论，均强调社会秩序构建中人类理性的作用，而在哈耶克讲述的联合过程和秩序形成过程中，人始终处于一种懵懂的状态，他们是被动的，人被秩序裹挟，而不是主动选择和构建秩序。哈耶克说，我们的文明……是在人类合作中不断扩展的秩序。这种扩展秩序并不是人类的设计或意图造成的结果，而是一个自发的产物：它是从无意之间遵守某些传统的、主要是道德方面的做法中产生的，其中许多这种做法人们并不喜欢，他们通常不理解它的含义，也不能证明它的正确……①

但这种被动也不完全与理性无关。虽然人在这个过程中，不能完全看到规则和秩序的全貌，但是他们还是有一个明确的、理性的目的，即交往和联合。为了人口和财富的增加，人需要克服本能，学习在交往中遵守一些禁止本能行事的规则。因此，规则和秩序是人的本能和理性之间的产物。这些规则和秩序涉及人类社会的语言、法律、市场、货币等诸多领域。这些领域规则和秩序的产生和发展，类似于自然界的进化过程。但与遗传和变异的进化方式不同，这些规则通过传统、教育和模仿在人类社会中传递。并不是我们所谓的理智发展出了文明，而是理智和文明在同时发展或进化……理智，并非生来便有的东西……而是在他成长的过程中，从家庭和成年同胞那里吸收获得的……一切的进化，无论文化的还是生物的，都是对不可预见的事情、无法预知的环境变化不断适应的过程。②

二、自由竞争与抽象规则

对于人类整体来说，我们可以把这种介于本能和理性之间

① 〔英〕哈耶克：《致命的自负》，冯克利、胡晋华译，冯克利统校，中国社会科学出版社2000年版，第1页。

② 同上书，第21页。

的交往看作是一种“合作”。但对于个体来说，是竞争而不是合作，对个体的生存进化更有意义。并且个体间在经济领域的自由竞争，表现为18、19世纪得到充分发展的个人主义和自由主义，在哈耶克看来，这是构成西方现代文明的兴起和近代科学巨大进步的根本动力。在整个近代欧洲历史中，社会发展的总方向，是使人从他从事日常活动时束缚他的那些习惯和成规的羁绊中解放出来……自觉地认识到个人的自发和不受拘束的努力能够产生一种经济活动的复杂秩序……个人活力解放的最大结果，可能就是科学的惊人发展，它随着个人自由从意大利向英国和更远的地方进军……个体实际上成为构建我们文明的力量。①

在人类历史上，从大规模的诉诸武力的竞争，发展为诉诸规则的竞争，产生了更有效率的竞争结果，这个过程是一种进化，也是哈耶克所说的自由状态。这种自由状态不是指个体达到了理性认知、自我实现的自由，而是相对于外界的强制和指导，依靠个人力量、个人努力的自由。自由主义的基本原则……应该尽可能多运用自发的社会力量，尽可能少地借助于强制②，自由主义的论点，是赞成尽可能地运用竞争力量……只要能创造出有效的竞争，就是再好不过的指导个人努力的方法。③

但仅有自发秩序并不能够完全保障个体竞争的自由，有效

① 〔英〕哈耶克：《通往奴役之路》，王明毅、冯兴元等译，中国社会科学出版社1997年版，第42页。

② 同上书，第44页。

③ 同上书，第61页。

的竞争需要诉诸规则而不是暴力，它需要政府和法治。社会的选择过程是通过竞争进行的，如果把竞争看作是合作与组织的对立物，就可能误解其本质。拥护自由并不意味着反对组织，但它意味着反对一切具有特权的垄断组织……[①]所以，自由不是自由放任、无政府，政府和法律对于维护和保障竞争扮演了重要的角色。这种角色，哈耶克比喻为照顾植物的园丁，他们的主要工作就像了解植物一样，尽可能地了解自发秩序的成长条件、结构和这些结构发生作用的逻辑。必要的介入和强制，类似于园丁剪除杂草、修护植物，政府和法律对工作时间的限制、食品卫生标准的规定、垄断的防止和控制以及税收等，在哈耶克看来，与维护自发秩序和自由竞争是完全相容的。这种介入和强制，不是干预和控制它的成长，而是一种看护。

具有一般性、抽象性、确定性的规则能够确保政府的这种“看护”的角色定位，政府首先遵守预先制定的法律，并通过法律治理社会。这种一般规则区别于政府对具体事务下的每一项具体的命令。因为首先政府不可能对每一件事都能精确预见，并且一般性规则产生形式上的平等，具体指令却区别对待各种具体需要，必然产生人们对不平等对待的不满。确定的规则使人可以预知行为后果和政府行动，从而制订自己的计划，在这种规则之下，他不需要服从任何人，只需要服从法律，相对于任意的、专断的强制，他就是自由的。自由的意义仅仅是指人们的行动只受一般性规则的限制……自由意味着，也只能

① 〔英〕哈耶克：《自由宪章》，杨玉生、冯兴元、陈茅等译，杨玉生、陆衡、伊虹统校，中国社会科学出版社 2012 年版，第 62 页。

意味着，我们的所作所为并不依赖于任何人或任何权威机构的批准，只能为同样平等适用于所有人的抽象规则所限制。①

三、自由主义如何促进平等

在启蒙思想家的理论中，人与人的平等的基础在于人都具有理性。甚至在家庭内部，如英国思想家洛克认为，孩子要服从父亲，只是因为他的理性尚未成熟。待理性成熟，孩子与父亲亦是平等的关系。伴随着资本主义世界市场的建立，英国法律史学家梅因将这种平等的趋势概括为“从身份到契约”的运动。法国大革命将“自由”和“平等”的思想写入法律，转化为对个体经济权利和政治权利的各项具体的法律保障。保障个体权利亦成为政府成立的根本目的，以及对政府权力予以限制和分化的根据。人与人的平等在法律中表达为法律资格的平等和适用法律的平等。

19 世纪末到 20 世纪初，有产者和无产者的经济差距不断扩大，法律是否应当对现实生活中的实质不平等有所作为？对曾经被奉为“真理”的自由和平等的原则，有批评者也有维护者。洛克纳诉纽约州案中，多数意见认为，尽管工作时间过长可能危害工人的身体健康，但州法仍然没有权力制定法律，限制面包师的工作时间，因为根据契约自由的原则，工作多长时间、需要承担多大风险，取决于工人的自主选择，公权力不能

---

① 〔英〕哈耶克：《自由宪章》，杨玉生、冯兴元、陈茅等译，杨玉生、陆衡、伊虹统校，中国社会科学出版社 2012 年版，第 221 页。

介入和干涉。而美国大法官哈伦、霍姆斯等发表异议，认为如果工作条件或条约内容确实对工人健康不利，法律需要对“自由权”重新理解，这种理解并不源于变动的经济学理论（自由放任或父权主义），它仍然根植于对“个体”权利是否得到法律充分保障的理念中。

尽管霍姆斯在异议中反对司法过程中自由主义经济政策的考量，然而倾向于保护工人利益的判决根据，不是建立在对弱势一方的同情和对实质签约过程中的不平等的矫正，仍然建立在是否维护“自由”权利的基础上。在这个层面上，哈耶克应当会赞同哈伦、霍姆斯的解读。哈耶克主张法律上的形式平等，因为这种平等有助于自由。他反对通过人为的方式矫正实质层面的不平等，如财富的不平等，因为他认为，这种平等会扼杀自由。

哈耶克认为，在人们的收入呈现出一个合理的金字塔型的时候，财富不平等是有益的，它是经济发展的动力。不平等促进了经济的发展，原因在于，富人的大部分开销都支付试验新产品的费用，以使穷人有朝一日也能享用，尽管这并不是富人的预定目的……今天在美国或西欧，收入较低的人也能拥有一辆汽车、一台冰箱、一部收音机，或享受一次飞机旅行……正是由于过去的不平等，今天最穷的人也能拥有他们自己的一些物质财富。[①] 劫富济贫暂时会使人们的地位接近，但是这种强制的平等会延缓整个群体的前进速度。哈耶克举例说，一些富

---

① 〔英〕哈耶克：《自由宪章》，杨玉生、冯兴元、陈茅等译，杨玉生、陆衡、伊虹统校，中国社会科学出版社 2012 年版，第 71 页。

国由于实行平等政策停步不前，而一些贫穷但具有高度竞争性的国家却变得生机勃勃。这已是战后历史最显著的特征之一。英国以及斯堪的纳维亚诸国这样的发达的福利国家属于前一种国家，联邦德国、比利时和意大利属于后一种。[①] 只有法律和行为的一般准则的平等才能导向自由，我们只有在确保这种平等时，才不致伤害自由。[②]

哈耶克将自己理论置身于洛克、斯密的英式的自由主义传统中，他忠实地吸纳了洛克关于私有财产、有限政府、权力分立的观点，吸纳了斯密关于市场自身运作逻辑的伟大发现，他关于自发秩序向扩展秩序的变化，以及秩序中人在本能和理性之间的状态，也深深受到少年时代的生物研究和达尔文进化论的影响。他对极权政府强烈的对抗情绪，与二战期间他的祖国奥地利被纳粹德国侵吞，使他被迫离开故乡不无关联。他从对货币和经济的研究转向对政治和法律的研究，但这种转向并没有改变他以一个论战者的姿态，反而使他更为顽强地主张市场和法治，反对计划；捍卫经济和思想领域的自由，反对专制。

然而，哈耶克对于经济自由的极端强调，也会使人萌发这样的疑问。他说经济控制是对我们所有目标的控制，在当今社会，只有钱才向穷人开放了一个惊人的选择范围。可是，获得经济自由真的能够使人获得认知、思想和情感最终的自由吗？他说市场就像有机体，当它伤风感冒，它有免疫力会自愈，工人失业是市场正常运作不可避免的现象，政府不需要干预。然

---

① 〔英〕哈耶克：《自由宪章》，杨玉生、冯兴元、陈茅等译，杨玉生、陆衡、伊虹统校，中国社会科学出版社 2012 年版，第 75 页。

② 同上书，第 125 页。

而，没有哪个政府面对市场失调能够真正袖手旁观，等待它自愈，即便是最信任哈耶克的英国首相撒切尔。对于社会现实实质的不平等，哈耶克选择了回避。

1974 年，在哈耶克获得诺贝尔经济学奖的同一年，美国政治哲学家罗尔斯用一部厚厚的著作解答了这个问题，使自由主义传统中的人们获得了新的深深触动。罗尔斯在其《正义论》中指出，基于才能、家庭、财富的不平等，是随机的、任意的、社会博彩的产物，个人不应当完全为其负责，正义的制度不能对这种不平等袖手旁观，它需要对社会博彩中弱势群体的福利进行安排。

埃利希

法律强制与活法之治

尤根·埃利希（Eugen Ehrlich），1862—1922，奥地利法学家，社会学法学在欧洲的代表人物，著有《法律社会学基本原理》等。

根据传统分析实证法学家的见解，法律强制是法的根本特征，赏罚原则是社会秩序最有效的组织原则。法律的强制力体现为，每一条法律规则都由“行为模式”与“法律后果”两个要素共同构成，即如果如此这般条件具备时，如此这般的制裁就应随之而来。[①] 制裁和惩罚对于组织社会和恢复和平秩序的威力，遵循了人的真实感受和欲求——人的言行举止、心思意念无不受到快乐和痛苦的主宰，人对幸福的追求就是让快乐远大于痛苦，将痛苦降到最小。相反，罪过就是损害他人的快乐或是增加他人的痛苦。法律针对不当行为者施加同等的或更大的痛苦（刑罚或民事责任），一方面代替受害人满足其受到伤害之后的寻求复仇的本能，另一反面，震慑和预防未来可能发生的新的痛苦。[②]

以暴制暴、以刑止刑，这并不是边沁的创见，而是他对构成现实法的普遍的社会心理基础的发现和总结。3700多年前，刻在黑色的玄武岩上的《汉穆拉比法典》这样写：挖去别人眼睛的人也要被挖出眼睛。打断别人骨头的人也要被打断骨头。打掉同等地位者牙齿的人将会被敲掉牙齿。公元7世纪，唐高宗批准颁行的《永徽律疏》这样写：以刑止刑、以杀止杀……刑罚不可弛于国，笞捶不得废于家……无论是远古的法律还是现代的法律，西方的法律还是东方的法律，法都是一种强制秩序，它是武力的一种组织，特定机关通过法的授权使用武力，以使共同体获得和平。

可是法律的强制力真的能够规制和支撑整个社会秩序吗？以暴制暴、以刑止刑，真的可以使人类共同体获得和平，而不

---

① 〔奥〕凯尔森：《法与国家的一般理论》，沈宗灵译，商务印书馆2013年版，第94页。

② 〔英〕边沁：《道德与立法原理导论》，时殷弘译，商务印书馆2000年版，第57页。

是对暴力暂时的压制吗？奥地利法学家埃利希指出，日常经验告诉我们，在社会生活纷繁复杂的法律关系中，抚养幼子、赡养老人、偿还债务、履行工作职责……执行法律规则的真实的心理动机，并不是迫于可能的法律制裁，而是自愿。自愿的心理，相比强制，对于规整和支撑社会秩序是更为有效的。由国家制定并通过强制力保证实施的法律规则，只是结构社会的诸种规则的一部分，并且在很大程度上是联合体内部秩序的映照和重述。联合体的内部秩序具体体现为，每一成员由于交往习惯和资源占有形成的地位和职责。脱离了社会事实和社会内在秩序的法的统治是不可能的，在这种情况下仍然施行的惩罚和强制将导致专制。法官和法学家应当意识到，法律规则和法律文件背后的社会事实、社会内在秩序的强大力量，是法律效力的真正来源，埃利希称之为“活法”的统治。

一、法律规则与社会凝聚

分析实证对法律现象的观察，以国家颁布的正式法律规范为重心，把社会事实放到一个法律框架中，去衡量合法或违法、犯罪或责任的问题，而埃利希为代表的法社会学观察视角，则把重心放到法律在社会结构、参与人角色行为等的运作过程中。因此形成对规则含义的两重解读：国家的法和非国家的法、政府的法和非政府的法、法律规则和社会秩序中的其他行为规则。因此，我们在法律与社会的相互制约的动态关系中，以社会结构和参与人行为为参照系，对法律之治可能产生新的、更加深入的理解。

埃利希指出，人类社会的基本结构经历了由原生性联合体到多元性联合体的变化。原生性的联合体，氏族、家族、部落的产生先于国家，这些原生性的联合体聚合了经济、宗教、军事、法律、语言、伦理习俗和社会生活的功能。随着联合体的发展，聚合性的功能逐渐分化，由新的多元联合体，国家、政党、宗教团体、农业联合体、商店、工厂等分别承担。法律规则伴随着国家的产生而产生，它仅仅是联合体内部秩序中诸种行为规则的一种，具有和其他行为规则，包括道德规则、伦理习俗、宗教规则、语言规则、时尚规则、礼仪规则、荣誉规则……一样的性质，这些行为规则共同维系联合体中的人际关系。并且，法律规则自身也不断参考其他的社会规范，比如禁止不道德契约、要求按照诚信信用履行契约，规定了对侮辱、侵犯财产和严重伤害的惩罚等。

无论原生性的联合体还是现代国家，对于联合体的存续来说，法律规则都不是最重要的行为规则。埃利希指出，法律的制裁和强制仅仅在非常有限的范围和特定的情况下适用，刑法、强制执行几乎完全针对那些由于出身、经济压力、教育缺乏或道德堕落而被排除在人类联合体之外的人。而凝聚联合体和交往行为的真正力量，源于强大的社会观念对个体成长过程点点滴滴的渗透。它们通过建议的方式而不是强制发挥作用——这样做是对的、好的，那样做是错的、不合适的……这些规则训令不是通过“压制”而是通过“教育”，从人的孩童时代，深深印在了他的脑中。人往往未经反思就会服从，因为思维惰性使人不愿自己思考，而愿意听从。尤其当经验使人认识到，听从带来利益，而不服从带来不利。这样，遵守规范最终成了印在整个人类身上的标签。因此埃利希断言，即使国家不施行任何强制，社会也不会分崩离析。

对于联合体的存续来说，法律规则并非最重要的行为规则。如果真到了非法律介入不可的程度，也就意味着联合体面临解体的危险了。埃利希举例说，如果家庭中的成员相互主张他们的法律权利，这一家庭早已解体了。如果他们诉诸法官，那么他们已经到了断绝关系的地步。在土地和居所相邻的地方，更有必要习惯性遵从道德命令、伦理习俗等行为规则。契约必须依据诚实信用和商业习惯的要求来解释和履行，而且契约双方当事人的个人品行经常要比契约的内容更为重要。对于企业家来说，言行得体的本能，或被称为“情商”的东西，被认为是组织才能的首要部分。在工作场合，仅仅认可法律观点的人是无法和其他人融洽相处的。没有任何一个联合体能完全依靠法律规范的方式维持它的存在，都需要非法律规范的强化和弥补。

二、法律规则的社会属性

埃利希指出，法律规则和法律关系等法律命题的建构，是思想和观念的产物，它是法学家的智力成果。事实先于规范、观念源于现实，法学家从法律事实中获得法律命题。而对于法官来说，即使法律命题已经给定，也不能直接涵摄“法律事实”，必须全面考察法律文件背后的全部“社会事实”，确证法律事实是否属于在法律命题中“从物”的定义。

法律文件背后的社会事实和社会内部秩序，取决于联合体成员之间的交往习惯和资源占有。当处于特定地位的人要求一种特定的权利而未遭到反对时；当被分配了一项任务的人毫无异议地履行义务时；或者当一项提出的反对被压服时……[①]在所有这些情境中磨合产生的交往模式，反映出联合体现有力量的最终平衡。力量的较量源于个体的综合因素，在原生性联合体中体现为体力、精神力量、经验、个人威望和年龄；在其他联合体中，体现为财富、出身和人际网络。另一方面，联合体成员对社会资源占有的多寡，形成他们不同的社会地位和职责、支配和被支配关系。

埃利希认为，在本质上，国家法追随社会的发展而发展。法律……追随风俗的发展而发展……永不停歇的变化是该联合体内部的权力分配。权力关系的每一次变化必然影响到该联合体内的社会规范的改变[②]，事实的力量是如此的具有压倒性，以至于即使一个否认前任政府合法性的新政府，通常也会承认其间所颁布立法的效力。因此，斯图亚特王朝承认僭主政治期间颁布的立法，波旁王朝承认法国大革命和拿破仑帝国时期的立法。[③]

私法领域也是如此。从国家法的角度看，契约是双方当事人独立意愿的结果；而埃利希认为，从社会结构的角度观察，剥离了社会关系的独立意愿是不可能存在的。整个私法是经济

① 〔奥〕埃利希：《法律社会学基本原理》，叶名怡、袁震译，九州出版社2007年版，第179页。

② 同上书，第331页。

③ 同上书，第415页。

生活法，完全在联合体内进行，在生产、交换、分配的每一个经济环节，契约必须服务于社会目的。劳动契约和服务契约将职员、农民、工人结合在一起，交易契约指引农产品和手工艺品的流动，信用契约使得各种经济体可以获取适于他们意图的资金……在一个个巨大的经济体系中，每个生活于其中并从事创造性活动的人，都相当于其中的一个小弹簧、小轮子。契约将人和物统合成联合体秩序，它的内容取决于这些联合体结构与经营方式，超越社会事实的恣意，必然破坏联合体的经济秩序。

三、法律规则对社会事实的改造

法律规则与其他社会规则同源于社会事实，共同构成社会秩序，并且很大程度上受到其他社会规则的影响。它们的区别并不在于法律的强制性格。事实上，他律，以及一切规则的有效性，都取决于联合体成员接受和认可；法律规则的特殊性，埃利希认为，应当在于法律所调整的事项对于联合体及其成员的重要性，以及法律规则在表述上清晰、明确、一般化的特征。

每一个联合体内部的秩序结构、权力关系都不相同，没有夫妻关系、亲子关系完全相同的两个家庭，没有土地所有关系完全一致的两个地方，没有毫无差异的两份契约、公司章程、遗嘱声明，它们的差别不仅仅是措辞方面的，人与物的关系都不可能完全一致。然而，法律必须将形形色色的社会事实、社会结构、社会关系抽象化、一般化。抽象的、一般化的法律命题不仅对具体案件有效，而且对类似情形也有效，这是大众心理对法律规范稳定性的要求，这种稳定性给予人们确定的行为预期。

法律规则源于社会事实并受到社会内在秩序的制约，但是法律规则与社会事实并不是简单的镜像关系。当争议发生，联合体脱离了现有秩序进入到一种无秩序的状态，联合体需要裁判规范，这些规范与和平时期联合体的规范是不同的，它受到诉讼期间呈现出来的生活关系的指引。在德国民法中，埃利希举例说，制定法应当明确夫妻分别财产制，而不是社会习惯做法的联合财产制。因为在良好的婚姻存续期间，即便没有制定法规定，妻子也会把财产委托丈夫管理，然而，如果婚姻关系变得不和谐，分别财产制就可以保护妻子的利益。

埃利希指出，划定社会关系冲突状态下的利益界限，需要依据社会正义的标准。法官和法学家通过对社会正义的理解，发现冲突社会关系中的利益界限，创设法律规范，或肯定现有的习惯、支配关系、占有关系、联合体的章程、契约和遗嘱处分等，或阻止这些关系，或使它们无效。例如，通过保护劳动者的立法，革除过时制度，维护社会应予保障的正当利益。

正义不是源于个人的意识形态，宗教、伦理或是其他感性因素，也无法用普遍的公理、公式进行总结，不同的时代存在不同的社会正义观念，发现隐含在千万重社会关系中的、应予保护的重要的利益，这是法官和法学家的工作。埃利希这样劝导说，一个年轻人，若仅仅证明他能够掌握最重要的制定法和大量教科书的内容，那他还是没有资格在法院当法官……制定法书籍和教科书的部分就像一幅图画不完美的大致轮廓；只有对生活有一个完整丰富的观察和体验，才能给这幅画以形态和颜色……①

① 〔奥〕埃利希：《法律社会学基本原理》，叶名怡、袁震译，九州出版社 2007 年版，第 809 页。

马林诺夫斯基

原始法文化与现代文明的碰撞

布罗尼斯拉夫·马林诺夫斯基(Bronislaw Malinowski),1884—1942,波兰裔英国人类学家,开创了新的民族志写作方法,其研究成果成为20世纪初人类学和法学交叉学科“法律人类学”的重要文献。图中马林诺夫斯基和土著人在一起。

一、文明人与野蛮人的预设

在很大程度上，人的形象不仅仅取决于其族群的基因，更是由其所属的社会文化决定的。风俗和律法是社会文化的组成部分，不同时代和地域的风俗和律法呈现和塑造了不同的人的形象。在古罗马法、中世纪欧洲法、传统中国法中，身份地位和社会角色决定着一个人的穿着打扮、言行举止、权利和义务。而现代法律制度则预设了“理性人”的形象，每个人皆因具有理性而享有在法律眼中的平等地位，对自己的人格和财产享有排他的支配和控制权，与另一理性人达成的合意具有视同法律的效力，并应当为自己的过错承担责任。

在经济生活的层面，现代社会的“理性人”是斯密揭示的，那个能够认识并追求个体利益最大化，依据自己的偏好和最有利于自己的方式作出选择的人。在政治生活的层面，“理性人”是韦伯揭示的，那个严密科层制度中受过专职训练的原子化个体，以明确的规则和切实的精神，而非人际关系、伦理道德或其他感性因素行事的人。从身份到平等、从依赖到自我、从宗教崇拜到理性认知，被认为是伴随着世界范围的市场经济发展的文明的进程。在伏尔泰、梅因、摩尔根、恩格斯的著述中，都暗示了如此的人的“进化”。

1914 年 9 月，英国人类学家马林诺夫斯基跟随英国人类学考察队远赴西太平洋海岛，当探险船驶入巴布亚新几内亚的海湾，驶入残忍的食人族的故乡，他也曾在日记中不无焦虑地写道，我感到自己渐渐远离了文明，非常沮丧，害怕自己不能完成前面的任务……[①]除了满足好奇心，一个现代人可以从对“野蛮族群”“原始社会”的研究中得到什么？他在一个叫特罗布里恩的小岛上生活了四年，依靠香烟、友善和对民族学工作的热忱，学会了土著人的语言并和他们成为朋友。他调查了土著人风俗律法的方方面面，形成了大量对生活细节的记录和一系列著作。在对土著人和原始社会的记述中，马林诺夫斯基对西方文化和现代文明的思考不断倒映其中，当土著人的全部社会文化和心态情感直接地、完整地、客观真实地在他的记录、思考和写作中呈现出来，马林诺夫斯基在其中发现了一种普遍的人的心态，以一种镜像的方式，那个理性的、进步的、文明的现代人的形象获得了前所未有的反思。

二、现代法治中的“经济人”与土著人对利益的态度

现代国家和制度机构的运作，被认为建立在一种更为“诚实”的对人性的看法之上。它可追溯到马基雅维利在《君主论》中的论断，对权力、名誉、财富的追求就是人的本性，而不是古希腊哲学家们宣扬的至善。霍布斯继而在《利维坦》中指出，在国家产生之前的“自然状态”中，人因自私、野蛮而过着孤独、争斗和不幸的生活。基于人避苦求乐的本性，边沁力主英国施行法律改革，使制度符合功利主义的要求。20世

① 〔英〕马林诺夫斯基：《一本严格意义上的日记》，卞思梅、何源远、余昕译，余昕校，广西师范大学出版社2015年版，第25页。

纪 60 年代的科斯和卡拉布雷西的法经济学理论，将边沁关于苦乐的细密的分类简化为成本和收益的比较，主张使法律制度的安排实现最有效率的资源配置。

自私和逐利到底是人与生俱来的本性，还是人在社会化过程中的产物？这种人性是现代思想家们对真实人性的揭示，还是他们同样受到文化环境影响而对人性的误读？在马林诺夫斯基对土著人的观察记录中，我们完全看不到现代思想家们预设的这种“经济人”的形象。他们的劳动动机不是满足当前的基本的生活需要，也并不受到报酬或其他现实利益的支配，他们更为看重的是履行传统赋予他们的义务和同族人对自己的评价。甘薯种植是特罗布里恩人主要的农业活动，非功利的因素体现在劳动的各个阶段。他们将园圃清理得干净整洁，建造漂亮坚固的篱笆，只是为了美感。巫术仪式伴随和管理着农作物生长的每一节奏，即便增加了很多额外的工作和看似不必要的禁忌。他们努力工作，不是出于理性利己的经济动机，而只近乎天真地为了欣赏丰收后大自然对劳动的馈赠。他们把大个头的甘薯涂上颜料，挂在仓房外面，将剩下的收成整齐地堆放在甘薯藤架下，供人赏评，然后将四分之三的部分送给酋长，其余的送给自己的姐妹或母亲的丈夫及其家庭。

除了农业生产，海外库拉贸易是特罗布里恩人最为重要的经济活动。所谓“库拉”就是以红贝壳、白贝壳做成的项链和臂镯，这些看似没有实际用途的装饰物，遵循特定的规则和巫术仪式在土著人中间不断地交换，在两个库拉伙伴之间、在各个库拉部落之间形成了一种长期的互换礼物、互换服务的规模巨大的伙伴关系、信用关系。马林诺夫斯基指出，库拉创造了一种新型的所有权，它类似奖品、锦旗、运动奖杯……只是因为拥有的资格，拥有者就会感到特别的愉悦。拥有库拉也并不是为了占有，而是为了赠予，任何人不会长期占有任何一件库拉宝物，受赠者必须在一段时间后赠送等价的回礼，这些过程都是自愿进行的。围绕海外库拉交换，他们聚合在一起建造独木舟、举办赛舟会和大型礼仪性的食物分配、举行启航前的巫术仪式、在航海途中形成了很多美丽的神话和传说。和库拉同时进行的还有附属性普通贸易品的交换，这种交换称为“金瓦利”。库拉伙伴之间从来不会直接进行金瓦利类型的交换，虽然这种普通的贸易交换是必要的，但土著人看不起这种讨价还价的交往方式，他们会带着轻蔑的口吻说，那不过是一场金瓦利而已。

为劳动而劳动的乐趣，与通过劳动获取利益的乐趣相比，哪一种乐趣更为高级呢？在交往中使物品成为友谊和荣誉的载体，与对物品无休止的生产、占有、购买和消费相比，哪一种活动更为文明呢？然而，这并不意味着在看待利益和价值的方面，土著人就是现代人的道德楷模。在农业劳动竞争和库拉贸易交换的描述中，马林诺夫斯基并没有试图掩盖与现代人一样的土著人表现出的强烈的虚荣心和嫉妒心理。虽然特罗布里恩人的生活中充满了经常性的赠予和交换，然而马里诺夫斯基也观察到，有时土著人也会把多余的东西藏起来，这样既可以逃避与人分享的责任，又不会招致吝啬的骂名……无论是谁，如果他拥有的槟榔或烟草的数量超过他当场能实际消耗的数量，就会被期待将多余的送给别人。[1] 马林诺夫斯基分析认为，原始人既不是极端的集体主义者，也不是毫无妥协的个人主义者，而是两者的混合。但总的说来，与现代人相比，他们生活的乐趣远超越于物品本身和现实利益，而源于一种精神层面的满足。所以，马林诺夫斯基指出，当最初与之接触的白人试图用钱激励土著人为他们工作时，他们发现这种激励并不能奏效。

三、现代社会的中央集权与无主权状态下的强制

拥有中央集权的政府和以强制力为保障的法律，构成了现代国家的核心要素，公民身份取代了基于血缘和地缘对人的凝聚。基于宪法赋予的权力，公权力得以介入私人事务，制裁违法者。虽然特罗布里恩人并没有这样的中央集权、成文律法，马林诺夫斯基指出，他们却是受制于严格的行为和礼貌准则的土著人。

相比一个现代人，土著人有更明确的在群体中的自我定位。在园圃种植、建造独木舟等集体劳动中，他们并没有事先签订契约，明确各自的权利义务，然而独木舟的所有者、专家、帮手、巫师，每个人都能够根据自己的地位和职责，有条不紊地互相协作。在大型食物分配这样的娱乐场合，人们也不会混杂在一起，虽然没有明文公告，他们也会根据各自的地理

① 〔英〕马林诺夫斯基：《西太平洋上的航海者——美拉尼西亚新几内亚群岛土著人之事业及冒险活动的报告》，弓秀英译，商务印书馆 2017 年版，第 252 页。

分布，聚集在自己的位置上。马林诺夫斯基指出，实现这种强凝聚力的，是土著人对习俗和传统的服从，以及彼此之间的互惠和制约，以阻止一个人做非正当之事的心理震慑力。

在《原始社会的犯罪与习俗》一书中，马林诺夫斯基更强调了互惠的强制力。以酋长的特权与义务来说。特罗布里恩部落存在社会等级，酋长享有很高的权威和特权。当他在场时，平民不敢站得高于他，当他坐下时，没人敢站着。他可以在臣属每个部落娶妻，其妻族和属民都要向他进贡，需要时为他干活。他也可以通过巫师和亲信杀死忤逆的人，虽然他极少这样做。但无论集体还是个人，无论酋长、上等人还是平民，他们都是按照传统和习俗做事，酋长不过是仪式的主持人和对外发言人。虽然他接受了平民的大量供奉，但他也会通过不同方式把他所有的集中的财富再送出去，比如资助海外库拉这样大型的贸易活动，在赠送和交换中发挥他的影响力和权威。在“整体的”赠送和交换活动中，我们才能理解平民对酋长的大量的供奉义务，看似压迫、不平等，然而在整个特罗布里恩的赠予和交换制度中，却是互惠和平衡的。

彼此之间的互惠和强制，并不必然营造土著人的桃源。其中最突出的矛盾是土著人母系制度和父系利益的冲突。根据母系制度，一名男子的合法继承人是他姐妹的儿子而不是他亲生的儿子，但实际上，为了儿子，父亲会竭尽全力，甚至牺牲外甥的利益。而且，缺乏中央集权和明确、统一的法律制度，私人之间的矛盾会以更为激烈的甚至是犯罪的方式予以解决。马林诺夫斯基讲述了这样一个令人印象深刻的案件。一个年轻人和他姨妈的女儿相爱，而这违背了外族通婚的规定，女孩的另一个情人得知此事很受伤害，他想用巫术对付这个年轻人，没有成功，于是当众责骂，整个社区都听到了这些恶劣的言辞。第二天，这个受到侮辱的年轻人穿上节日的盛装，爬上 60 英尺高的椰子树上，大声为自己辩护，然后纵身跳下，当场死亡。随后他的族人和情敌的族人之间发生了激烈的械斗。乱伦虽然是传统和习俗的禁忌，但如果没有公开化，便没有公权力的制裁。一旦公开化，法律就会发生作用，但制裁和事情最终的解决却是通过受到指责的那个个人展开的，他通过自我制裁的方式激起他族人的愤怒，去惩罚那个揭露真相的人。[①]

四、文化语境中的人与自由

在马林诺夫斯基对土著人的讲述中，法律是一个动态的文化现象，融入在部落文化的每一个方面，如部落的结构轮廓、日常生活和行为，以及土著人的精神、心态和生活对他的影响。马林诺夫斯基指出，人的研究不能脱离其文化环境，人与文化相伴生，因此人不是生而自由的。人所做的和想做的每一件事都被他的家庭、职业、朋友和其他社会关系关联着。即便人可以天马行空地想象，进入“物我两忘”的境界，然而，这些想象的内容也不可能完全超脱他的文化环境。

人不能生而自由，但人能够在生活中得到自由。马林诺夫斯基指出，真正的自由是个体在群体活动中的自我实现，他能

① 〔英〕马林诺夫斯基：《原始社会的犯罪与习俗》，原江译，法律出版社 2007 年版，第 53—54 页。

够融入群体，在群体的共同目标之下，参与到共同协作之中并分享劳动成果。这种自由也暗含着对社会规则的接受。因此，充分的自由意味着承担责任、提高技术水平，并且要付出巨大的努力来工作与自律，同时能够从工作成果里得到回报。①

较之土著人的世界，现代社会并不必然增加了人的自由。大量的人工造物确实扩大了人的自由，扩大了人对自身和环境的掌控能力。但文化造物的误用也会极大地束缚和毁灭自由，比如武器的滥用和组织机构的权力的滥用。相反，在无民主状态下，一个整合性的机构带来的是简单的文化和全体的参与。马林诺夫斯基描述说，他们没有权力独裁、没有财富垄断、没有精神控制、没有法律压迫、没有教条主义，每一个部落都以自己的生活方式，拥有自己的宗教信仰并通过自己的经济发展来达到一种和平、平静的生活。他呼吁人们思考，西方文明的介入和土著人本土民族性的消退，带给他们的真的是更多的自由吗？

1936 年，中国学者费孝通留学英国，在导师马林诺夫斯基的指导和启发下，通过对中国农民和农村生活的实地调查，完成《江村经济》的博士论文，并提出“文化自觉”的重要命题。“东海西海，心同理同”，如马林诺夫斯基所说，基于人类社会的共同需要，我们得以理解跨地域的法文化的差异。然而，这差异又是如此珍贵，粗暴的同化，留下的只能是无序、困惑和恶意。

---

① 〔英〕马林诺夫斯基：《自由与文明》，张帆译，世界图书出版公司 2009 年版，第 97 页。

涂尔干

社会规范的神圣性本源

埃米尔·涂尔干（Émile Durkheim），1958—1917，法国社会学家，著有《社会分工论》《自杀论》《社会学方法的准则》《职业伦理与公民道德》《宗教生活的基本形式》等。与韦伯的研究一样，这里所说的社会学，乃广义上的，相对于自然科学的社会科学，主要涉及对法律、道德、宗教诸社会规范的研究。

科学的思维与信仰的思维具有同一性，它们都是要从现象之中发现本质，发现其中隐含的内在秩序，重新认识和解释现象。这意味着无论科学还是信仰，都以两个世界的存在为前提，一个是日常的、现实的世界，另一个是为认识和意识不断地重新发现、重新整理、重新秩序化和赋予意义的世界。特别当日常的、现实的世界发生剧烈的动荡或急促的变迁，对重新发现、重新整理、重新秩序化和赋予意义的新思想，无论是科学还是信仰的要求就更加强烈了。法国思想家涂尔干将这种动荡、变迁产生的冲突和混乱、道德沦丧称为“失范”，思考和重建社会规范，是涂尔干学术的起点和毕生的关切。

一、失范与规范

涂尔干最早在他的博士论文《社会分工论》中思考“失范”问题。涂尔干认为，现代社会出现的“失范”，源于个体情感观念、道德价值的混乱，这种混乱与他生存环境的改变是密切相关的。当一个人离开——不仅是物理距离的离开，而且也是心理距离的离开——他的原生家庭、故乡、传统习俗，进入一个新的生存环境，而又没有主动地、自觉地、彻底地融入和认可新的集体，混乱就很容易产生了。而后涂尔干研究的自杀问题，就是这种失范和混乱的极端表现形式。

然而，家庭、故乡、传统习俗对个体约束力的松弛，涂尔干认为，是现代社会基于社会分工不断深化而产生的必然趋势。原生群体的凝聚力源于共同性——共同的生活、情感、意识，而现代社会的凝聚却基于分离、分工，个体之间不再面向同一目标，而是不同目标，（整个现代社会是由）各种不同的机构组成的系统，每个机构都有自己特殊的职能，而且它们本身也都是由各种不同的部分组成的……互相协调，互相隶属，与有机体其他机构相互制约。[①]

涂尔干将基于共同情感、意识的凝聚称为“机械团结”，将基于社会分工产生的聚合称为“有机团结”，这种区分建立在个体是否存在“自我”意识的基础上。他认为，当共同情感、意识具有压倒性力量的时候，人的个性就会消失，只是集体存在的一个符号；劳动分工则建立在个体的差异上，每个人都有自己的行动范围，自臻其境，拥有自己的人格……如果劳动分工真的建立在每个人的自我意识之上，就像柏拉图在《理想国》中描述的，每个人能够了解自身特质，从事适合自身特质的工作，各安其分，各守其责，那真的是一种理想的状态。然而现实是，相对于有产者，无产者的劳动很难称得上是自由自愿，自臻其境。正如卓别林在《摩登时代》中饰演的那个拧螺丝的工人，建立在如此被动的劳动分工之上的凝聚，似乎才是机械的，而非有机的。大量的失范现象正是由此而生。

单凭国家法律并不能够改变现状。在涂尔干看来，现代社会的民商事法律、诉讼法律、行政法律……只能产生修复性的效果。相对的，“机械团结”社会中的刑法，似乎更有助于增强集体的凝聚。杀人、抢劫、纵火等暴力行为，被认为不仅是对受害者个体的侵害，也是对集体意识和共同秩序的挑衅和破坏。通过对加害人的刑事制裁，不仅满足了受害人要求复仇的情感，预防和威慑了未然的犯罪，而且更重要的是，它用最为严厉的方式恢复和重申了为犯罪所侵害和破坏的集体信仰和理

① 〔法〕涂尔干：《社会分工论》，渠敬东译，生活·读书·新知三联书店 2000 年版，第 142 页。

念——不得杀人、故意伤害他人、侵害他人财物等。但在现代社会，相比于追究加害人责任，法律更关注损害赔偿，于是这种凝聚效果变得薄弱了，涂尔干说，

明确而又强烈的共同意识才真正是刑法的基础所在，社会已是今非昔比了，它越是接近现代的形态，这些基础也就越加薄弱。[①]

由于失范现象根源于个体与群体纽带关系的疏离和断裂，因此，对失范现象的矫正，最有效的方式不是通过国家法，而是要在职业活动过程中，重建新集体的道德规范。涂尔干指出，职业活动和职业团体重建了原生家庭和故乡中的那些共同生活和情感，共同的劳动、宴饮、节日仪式以及共同的职业规范。这些职业规范不以某些人的利益为前提，而是以整个职业团体的利益为前提。法律规范正是从这些道德情感中生长起来，比如法律中的诚实信用、公序良俗等原则，涂尔干说，

任何群体形成之处，都会形成一种道德原则……任何集体都散发着温暖，它催动着每一个人，为每一个人提供了生机勃勃的生活，它使每个人都充满同情，使每个人的私心杂念渐渐化解……如果我们率先制定法律，那么得到的肯定是一些粗略模糊的东西。目前最最重要的是，即刻着手去创建一种道德力量，并以此为法律提供实质和形式。[②]

---

① 〔法〕涂尔干：《社会分工论》，渠敬东译，生活·读书·新知三联书店 2000 年版，第 113—114 页。

② 同上书，第 38 页，第 44 页。

二、敬意的复兴

涂尔干所称的道德力量是一种集体的心理状态。无论是原始部落还是现代社会，集体并不是人的简单的聚合，而是建立在共同信念之上的团结。共同信念的核心，就是在区分神圣与凡俗基础上的，对特定物的“敬畏”。这种特定“物”可以是物质之物，例如，原始社会中的图腾崇拜——崇拜图腾植物或动物中存在的令人敬畏的本原，每一个氏族成员都因属于一个图腾物种而被赋予和分享了一种神圣性。我们可以发现，直到现代社会，一些国家仍然沿用了传统中对物的崇拜，作为民族象征，例如，中国的龙、瑞士的熊、法国的公鸡、德国的鹰，等等。为社会成员所崇敬的“物”，也包括一切能够从外部对个人意识产生强制约束力，并塑造个体意识的社会事实。我们可以把涂尔干所说的社会事实理解为国家、家庭、刑罚等社会制度，以及中国传统文化中的“礼”、契约自由、共产主义等社会观念。无论是原始社会有形的图腾，还是西方近现代的自由平等的观念，涂尔干认为，其本质都是一种“力”。这种力给予个体以能量、信心和依赖，同时也构成对个体行为的约束。

在涂尔干晚期作品《宗教生活的基本形式》中，他详细论述了作为集体信念的“力”对个体的巨大影响。不仅在共同面对自然灾害、战争状态的情形下，个体能够感受到集体团结起来的力量，而且，在日常生活中，涂尔干指出，无时无刻不有某种能量从外界流向我们。一个恪尽职守的人，面对他的同伴所表现出来的种种赞赏、敬重和倾慕，会感到一种平常没有体会过的舒畅，这感觉激励着他……我们通常就把它想象为一种道德力量。推而广之，整个人类文明正是人类社会给予个体的最强劲的力，涂尔干动情地说，人之所以为人，只不过是因为他有了文明！所以人不可避免地会感受到，在他之外存在着他从中获得人类本性特征的某种主动因素，它们作为仁慈的力量，帮助他、佑护他、确保他得到特许的命运。当然，就像对于美好的事物他要赋予它们重要的价值一样，他必定也要给这些力量以尊荣……①

个人对集体认同的最为强烈的表征，正是社会制度、社会观念在个人心中激发出尊崇的感情。在涂尔干看来，集体对个人的权威，不是体现在物质上的无上的地位，而是因为它具有的这种“力”的权威，它是受到尊敬的对象。个人的真正的服从和追随，是这种力量对个人意志的征服，当我们感到这种内在的、不折不扣的精神压力作用于我们的时候，我们所体验的情感就是尊崇……而社会就深深地依赖于这种作用方式，并把这种作用方式强加给社会成员。

作为最为古老的聚合形式，家庭，正是为这种相互尊敬的爱所充满的聚合。家庭内部的义务规范也正是源于这种爱与被爱，敬与互敬的宗教之情。所有的失范状态都是与这种尊敬之情相违背的。在家庭内部的所有失范状态中，涂尔干思考和探寻了最为严重的失范和规范、乱伦及其禁忌，写成《乱伦禁忌

---

① 〔法〕涂尔干：《宗教生活的基本形式》，渠东、汲喆译，商务印书馆 2011 年版，第 293 页。

及其起源》。他在结论中说，婚姻的结合不是简单的性的结合，而是性别社会中最道德、最美好的形式，是人学习尊敬的学校。家庭关系与性关系的对立，正如善与享乐、义务与激情、神圣与凡俗的对立，如果去追求一个应该报以尊敬之情的人，或是一个对你怀有尊敬之情的人，就不可能不使双方的这种情感变质或者消失……一个男人不可能使姐妹成为妻子……它们不可能相互混淆而不产生道德混乱……仅仅是想到这种混乱都让我们难以忍受。①

对激情的限制和规范，不是社会对自由和个性的约束，恰恰是对个体的保护。在《夫妻关系》一文中，涂尔干也如此论证了，建立在尊敬之情之上的社会规范，与个人的内心感受的一致关系。婚姻通过限制激情，为男性赋予了一种道德姿态，使他的抵抗力越来越大。婚姻通过为欲望指派一种确定的、明确的和根本不变的对象，来防止这些欲望在追逐新奇多变的目标中，在实现目标时越来越感到厌倦，最终筋疲力尽……它更容易使内心获得平静和平衡，这是道德健康和幸福的根本条件。因为它对规定表现出了一种尊重的态度，这种规定在个人之间构建了一种社会约束关系……如果人们很容易就能摆脱约束，那么约束也就不再是能够调节欲望，并借此平息欲望的约束了。②

---

① 〔法〕涂尔干：《乱伦禁忌及其起源》，汲喆、付德根、渠东译，渠东、梅非校，上海人民出版社 2003 年版，第 63 页。

② 同上书，第 416 页。

三、法与教化

在涂尔干的思想理论中，法从来不是孤立的存在，如同他推崇的孟德斯鸠对法的理解一样，法律、道德和宗教是共同作为约束个体思想、行为的外界力量，无法与整个社会的经济、政治、文化环境割裂。也如同孟德斯鸠对法精神的探寻一样，社会的总体观念决定了法的类型样式，德性是共和制的基础，荣誉是君主制的基础，恐惧是专制政体的基础……社会观念和信仰是一切强制性事物的根源。

在西方的过去，信仰观念支配了一切，而现在，涂尔干将源于宗教语境中的“神圣”和“崇敬”延伸到世俗社会中，如他在《现时代的宗教情感》中表达的，神圣不再与神相关，而是社会本身表现出来的事物，它包括所有集体状态，共同的传统和情感，例如国旗、某个英雄人物、历史事件；相反，世俗事物则是个体根据自己的感觉材料和经验构想出来的事物①。当人离开家庭，进入一个职业团体，其职业道德观念将重新塑造他，集体的道德环境改变他，就好像在过去，圣经教义和教会的宗教环境改变人那样。除了职业伦理道德，集体的定期集会和典礼仪式，也类似宗教仪式那样，把人从自我的生活状态中重新唤回。

那么，什么又是替代了神和神的话语，作为现代社会的价

---

① 〔法〕涂尔干：《乱伦禁忌及其起源》，汲喆、付德根、渠东译，渠东、梅非校，上海人民出版社 2003 年版，第 169 页。

值信仰，作为一切强制性事物的根源呢？在涂尔干的论说中，我们能够明确读到的，是涂尔干极力维护的，古老的家庭义务观念和现代社会中的职业伦理道德。在他看来，似乎现代社会个体的一切心理危机，都能够在一个温暖的充满爱与敬的集体中得到解决，获得重新面对生活的力量，走出失范的边缘。而个体对集体的恰当的情感，则是保守义务和充满责任感。除此，我们再不能够读到其他确定的内容了，涂尔干开启了这个问题，给出的却是未完结的答案。如果个体的失范可以通过集体的力量予以解决，那么通过何种力量去解决集体性的失范？正如一切因为集体陷入疯狂所造成的种种悲剧那样。

涂尔干将之诉诸教育、教化。作为一个社会进化论者，在涂尔干看来，个性在集体中的丧失是低阶社会中机械团结的状态。而在现代社会，教育唤醒了人的理性和自觉，集体正是如此的具有良知的个体的融合。在科学逐渐代替了信仰并且服务于商业，古老的神祇已经衰弱，新的“神”还没有诞生的现代社会，虽然涂尔干没有为我们明确什么仍然值得我们尊敬，但他不无期待地说，伴随着教育，总有一天，集体信仰和价值原则会更清晰地意识到自己，把自己转化为确定的准则，人们能够围绕这种准则团结起来，使这种准则成为能够将新的信仰固定下来的核心。

福柯

权力与自由

米歇尔·福柯（Michel Foucault），1926—1984，法国思想家。他的思想理论对哲学、历史学、社会学、文艺评论、法学等人文社会科学都产生很大影响，著有《规训与惩罚》《疯癫与文明》《性史》《词与物》《知识考古学》等。

法国思想家米歇尔·福柯，是个很有镜头感的人。在这张黑白照片里，他深深地凝视着你，露出真诚的、开朗的、温暖的笑容。不知道这张照片是在什么情形下拍摄的，什么事情让福柯这么开心。不少有关福柯的文章，好像也都很喜欢使用这张照片。然而对于那些认真聆听过福柯的人来说，这张照片却很难符合在书中读出的福柯的形象，因为他的思想弥散着压抑和不快乐。这在很大程度上源于福柯批判式的、反叛的、对抗的讲述方式和观点。他否认历史的进步、质疑理性的权威、抨击一切权力的统治形式，呼吁只受到自制的纯粹的意志自由。离经叛道者总是引人注意的，特别是一个博学的离经叛道者，一个为犯人、精神病人、同性恋者发声的博学的离经叛道者。

一、人道与作为客体的异己

所谓人道，即人们对于异己的良善态度，如福柯说，即便是在惩罚最卑鄙的凶手时，他身上至少有一样东西应该受到尊重，就是他的人性。① 血腥的、残暴的酷刑的废除，和谦抑的、节制的以自由刑为主的刑罚制度的确立，被认为是现代法治的标志之一，它象征着文明和进步。在福柯的代表作《规训与惩罚》中，福柯重新讲述了这个被乐观主义者们“误读”的刑罚的故事，他告诉我们，我们看到的变化，只是刑罚方式的变化而已，并不是刑罚本质的变化。实际上，论及对人的强制，现代刑罚不是更加轻缓了，反而是更加严厉了。

酷刑产生强制作用的方式，在于折磨肉体使人痛苦。它鞭笞肉体、烧灼肉体、切割肉体，甚至人死以后还要挫骨扬灰。

① 〔法〕福柯：《规训与惩罚》，刘北成、杨远婴译，生活·读书·新知三联书店 2019 年版，第 78 页。

现在，不仅肉刑被废止，监所中还会配备照顾犯人身体的医生。然而实际上，福柯指出，无论酷刑还是自由刑，犯人的身体从来没有受到真正的尊重，犯人的身体从来没有摆脱被征服、被安排的命运。唯一不同的是，过去的惩罚旨在破坏和消灭肉体，现在则是驯服它、利用它。通过纪律、劳动和监督，实现对犯人行为态度的训练和改造，使之老老实实、服服帖帖。

无论在哪一种方式中，犯人，作为一个人，始终都是一个被动的劣势者，权力的作用对象。现代刑罚制度更强化了这一点。犯人没有自己，在他们进入监狱的那一刻，就是对他们"旧我"的全部否定，他们需要接受训练，接受改造，"重新"做人，并且出狱之后，仍然要受到不停顿的评估、诊断、预防……最终变成福柯所说的"驯顺又能干的肉体"。

在福柯看来，除了犯人，现代社会对疯子的人道也是一样，都是"辩护之词"。在过去，人们把疯子看作野兽。他们被隔离、被禁闭、被铁链拴在囚室，被迫接受电击、注射等物理疗法。现在，虽然手铐脚镣被解除了，囚室改造为疗养院，但这些"病人"仍然没有被真正地当作一个完整意义上的"人"。和过去一样，他们仍然被视为一种低等的存在。因为，相对于"理智之人"，这些疯子受到"欲望"的控制，丧失或缺失"理智"。他们因此和犯人一样，是有罪的并且罪孽深重。福柯如此道出了神经疾病的道德意义——由于人们把神经疾病与胴体较低部位的器官运动联系起来，这些疾病也就被置于某种欲望的伦理体系中：它们代表了肉体的报复……人之所以生病乃是情绪过分炽烈的结果。①

道德治疗不再针对疯子的身体，看似人道，实际上则是更大的控制、征服和压迫。这种道德治疗的核心，在于建立疯子的自我克制，通过在疯人中设立镜子，不仅包括设置有形的镜子，使病人不断陷入自我对照的观察中，对自己的放肆言行产生羞愧；也包括设置作为观察和期待理性表现的无形的镜子，使病人屈服于医生，接受他像家长对待未成年子女那样的权威和惩罚，让病人意识到应当对自己的非理性的一切表现予以克制，变成可期待的理性的模样。这种看似友善的对待和“治疗”，并不意味着非理性和异己获得了解放，而恰恰意味着他们被同化、被制服，和犯人一样，在强制过程中丧失了自我。

福柯对“异己”历史的讲述，道出了人道真正的含义，尊重人即尊重人的主体地位。同情和怜悯并不意味着真正的人道，因为它恰恰显示了针对异己的优越；改造和治疗也并不意味着真正的博爱，因为它的目的是对异己从肉体到精神的彻底歼灭。

二、显现的和隐秘的权力主体

既然“异己”的历史就是福柯讲述的那些社会边缘人群的、作为客体的历史。那么，谁又是现实生活中的主体？是作为相对于被压迫者的优势者吗？

---

① 〔法〕福柯：《疯癫与文明》，刘北成、杨远婴译，生活·读书·新知三联书店 2019 年版，第 145 页。

福柯指出，在过去，权力是集中的，权力主体是可见的，他们是少数人。权力通过一系列仪式显现自身，这些仪式包括君主的献祭、加冕、凯旋、葬礼、对犯人的公开的行刑……而现在，权力是分散的，权力主体隐藏了自身，权力的行使不再通过公开的大场面展示自己，成为被大多数人观看的对象。相反，现代社会权力运行的方式，是检查制度，福柯把它比喻为边沁的全景敞视建筑。

这种建筑的空间安排，不是像宫殿那样供人欣赏和享用，也不是像堡垒那样为了防御外面的危险，而是为了便于权力主体对内进行清晰而细致的控制，使得权力主体在“逆光”处观察和监督权力对象。每一个规训机构都是一个全景敞视建筑，监狱、医院、学校、军营、工厂……这些受到观察和监督的对象既包括犯人、病人、疯子、流浪者，也包括士兵、学生、工人、职员等等，即一切被要求按照标准化的方式行为和劳动的人，每一个参与到现代社会运行机制中的人。每一个现代人，他们都有可能成为权力的规训对象，也都有可能成为权力主体。

福柯不无极端和冷酷地指出，现代社会已成为一个“监视的社会”——在这种封闭的、被割裂的空间，处处受到监视。在这一空间中，每个人都被镶嵌在一个固定的位置，任何微小的活动都受到监视，任何情况都被记录下来，权力根据一种连续的等级体制统一地运作着，每个人都被不断地探找、检查和分类，划入活人、病人或死人的范畴。所有这一切构成了规训机制的一种微缩模式。①

正因为现代权力运行的这样一种隐秘的方式，权力主体的不可见，所以，当我们的当事者不是一个犯人，也不是一个疯子，他真的难以自觉地感受到自身的客体地位，被监视、被控制甚至被“压迫”的感觉。在福柯对性的历史讲述中，他真实地揭示了现代人是如何在这种隐而不发的权力运行关系中，主动地、自然地坦白自身，坦白隐私，把自己毫无保留地讲述出来。

福柯认为，现代社会的性的解放，实际上就是权力机构“煽动”人们谈论性，目的在于管理“身体”和“人口”，使性在最佳的状态中发挥有利于社会福祉的作用。性成为出生率、发病率、寿命、节育率、健康状况、饮食形式、居住形式、结婚年龄、合法和非法的出生等政治、经济问题的中心。如何去获得这些资料呢？福柯指出，是“坦白”。坦白是支配真实性话语和庞大性档案的基础，人们把它运用到一系列的关系上，儿童与父母、学生与老师、病人与医生、犯人与专家，通过拷问、咨询、检查、书信……在多样的力量关系中建立了权力与性的关系，对身体的无穷无尽的监督、无时无刻的控制、没完没了的医疗检查或心理检查……性变成了以管理生命为中心的权力的中心目标。②

---

① 〔法〕福柯：《规训与惩罚》，刘北成、杨远婴译，生活·读书·新知三联书店 2019 年版，第 212 页。

② 〔法〕福柯：《性经验史》，佘碧平译，上海人民出版社 2018 年版，第 121 页。

于是福柯说，权力无所不在，它在每一时刻、在一切地点，或者在不同地点的相互关系中都会生产出来……权力不是一种制度，不是一个结构，也不是某些人的某种力量，而是既定社会中的特定处境。在一切的检查中，都存在权力主体，但它非常地狡猾，人们自愿地向它作出最真实的、无限的坦白，并在这种信任中成为客体存在。

三、理性的统治与真正的自由

那么，一个现代人要如何从无所不在的权力关系中挣脱出来，不压迫他人，也不被他人压迫，获得解放，重新获得他自己呢？为了得到这个答案，福柯一度追随马克思主义，成为法国共产党党员。虽然一段时间后，他脱离了共产党，然而作为一位左翼学者，他在政治上一直非常活跃，他抵制一切试图划定社会标准的排除性法则，帮助和支持那些被主流标准排除在外的移民工人、犯人、同性恋者等社会边缘人。他也同样拒绝那些“普适”“健康”的生活方式，试图在各种极度体验中获得内心的安宁……直到在福柯最后的思考、写作阶段，他转向古希腊、罗马的思想史，似乎才在其中获得了自我关怀的生存美学。

在《性史》第二卷，福柯为我们讲述了人如何在自我约束中获得自由、获得主体地位的过程，讲述了规则与个体的应然状态。人不是被动地接受和服从规则，而是行为个体自觉地明确了对所遵循的规则的态度，主动地控制、考验、完善和改变自己，让个体的各种活动不仅符合规则，而且符合一种道德主体特有的存在方式，继而将自身塑造成为道德主体。通过对古典文献的阅读，福柯指出，古希腊和罗马经常强调尊重法律与习俗，但是，它们关注的重点不是法律的内容及其应用的条件，而是法则与自我的关系，促使人对法律的尊重态度。这种尊重态度来源于人对规则的自我实践与修行，通过规则控制欲望、快感和各种激情，建立自我控制的节制的生活方式。福柯列举亚里士多德关于性的道德反思，以及罗马帝国时代各种性禁忌，都是在强调一种自我对自我的关系，在自我控制中获得纯粹的自我愉悦，获得自我。

按照福柯的理解，人真正的自由的实现不在于打碎外在的枷锁，消除一切控制和压迫的权力关系，而在于人的自我觉醒。在这个意义上，福柯并没有贬低理性的地位，他所揭示的恰恰是现代社会中自我的丧失、理性的丧失。当福柯批判西方现代社会对疯人的禁锢、压制时，他也并没有赞同古典时代以前的，把疯人言语看作智慧的那个时代。他客观地指出，疯癫只是理性的炫惑。理性的观看，是借助日光看万物。而非理性的观看，则是直视阳光，他睁大了眼睛，却只能看到光照过于强烈导致的虚无、浮现和繁衍的各种心像。

福柯所批判的不是理性的胜利，而是那种居高临下的博爱，同样作为人的精神病患者自由和尊严的丧失。福柯也并没有完全否定理性作为人的认知能力，他所批判的理性，是那种以结构、分类作为全部认知方式的简单化的理性主义、技术化的理性主义。同样，福柯也深刻地揭示了理性知识背后的深层的权力因素，理性知识在很大程度上并不是源自人自觉、主动认知的成果，而是源于权威和偏见。然而，人不是统计学中的一个数字，也不是各种器官的机械组合，福柯呼吁在劳动、生命和语言等人的具体存在中重新发现人，使人转向自我，以自身为目的，自觉地、自主地获得自我和世界的知识，真正成为自我的主宰。他的思想史研究所致力的正是这样的学问。

弗兰克

司法审判中的人格因素

杰罗姆·弗兰克（Jerome Frank），1889—1957，美国法学家，曾任律师、美国第二巡回上诉法院法官，并曾在耶鲁大学法学院任教，著有《初审法院：美国司法的神话与现实》等。弗兰克提醒我们注意到——真实的司法过程，不仅仅是一个理性思维流动的过程，一个理性探求客观的过程，而且是一个充满了主观色彩的心理过程。这种充满主观色彩的心理过程不仅发生在参与审判的所有个体身上，而且还发生在整个审判的交流过程中。

我们可以把司法裁判的过程，通过这样一组法学基本范畴构建起来，法律权利、法律行为、法律规则和法律责任。也就是说，当事人因其法律权利的损害诉诸法院，请求法院作出确认和支持其法律权利的判决，同时，对损害合法权利的一方追究法律责任。法院是否确认和支持其法律权利，需要寻找到受害人权利的法律依据，也就是法律规则；是否确认和追究加害人的法律责任，需要判断加害人的法律行为和受害人损害后果的因果关系，同样根据法律规则，对该行为予以评价，罪与无罪，有责或无责。在这个过程中，我们可以发现，无论对于受害人权利的救济，还是对于加害人责任的追究，寻找一个恰当的法律规则作为判断的根据，就成为法院工作的核心。

美国现代法学家杰罗姆·弗兰克，对这样一种以法律规则为中心的司法工作体系提出质疑。他认为，规则并不能够确保权利的实现。在现实的司法运作中，当事人的诉求能否得到法院的支持，首先源于对事实的认定，而不单纯依靠寻找规则。这些在法庭上“认定”的事实，决定了当事人诉求的最终命运。我们可以看到，弗兰克区分了两种事实，一种是已经发生了的客观事实；另一种是被讲述、被认定的主观事实。这意味着，根据客观事实，当事人的法律权利可能确实受到了加害人行为的侵害。然而，法庭上无法再现客观事实，只能根据主观事实，判断对法律权利是否予以保护。证人、法官、陪审团、律师以及所有参与司法审判的人，当他们共同加入对客观事实的追溯过程中，无论如何都不能抵达历史事件的客观，他们共同拼凑的事实，导致了当事人法律权利的不确定，司法裁判的不可预期。

一、那些被“讲述”和“认定”的法律事实

弗兰克认为，排除了那些说谎的证人，即便是一个极为“真心诚意”的证人，也不能肯定他的证词是客观真实的。他可能因性别、年龄、文化、地位、经历而产生不是故意的、无意识的偏见或同情，可能因要在案件中发挥重要作用而说出并非真实的，而是被期望的答案，也可能在法庭上因为害怕、激动、过分小心而导致言过其实。这些源自证人在原始观察中出现的错误，是最好的测谎仪也无法显示的。

不仅证人证词是对事实的主观判断，而且当这些证人证词出现在法庭上，交由陪审团和法官审查判断的时候，他们的反应也充满了主观色彩。在这个过程中，同样可能出现错误、偏见、疏忽大意，以及在证据资料无法充分的情况下进行判断，于是事实认定的主观再添主观。如此，以规则为中心的司法过程表达，即R（法律规则）×F（案件事实）＝D（判决结果），应当修改为R（法律规则）×SF（主观认定的事实）＝D（判决结果）。

正因为在审判过程中存在这些不可预测的主观因素，出现错误的证人、带偏见的证人、失踪或死去了的证人、出现错误的法官、疏忽大意的法官、带偏见的法官、疏忽大意的陪审员、带偏见的陪审员……使得受到损害的法律权利是否可以得到法律的救济，成为不可预期的事情。

是不是我们现在才发现这种事实认定的不可能呢？为了获得法律事实的确定性、法律权利的确定性，人们一度求助神明

裁判。当认识到凭借人自身的理性可以发现和认识客观事实，进行逻辑推理的时候，理性的裁判方式取代了神明裁判。但是，弗兰克指出，这种理性裁判制度，实际上并不能真正地发现和认识客观事实。非但如此，理性裁判与神明裁判没有实质的差别，这种审判方式，仍然渗透着魔法的观念，是一种语言精巧化了的魔法，所谓理性，不过是一种掩饰和说辞。

二、以理性之名的司法审判

弗兰克认为，我们设计的理性的司法制度，非但不能求得客观事实，有时反而适得其反。比如，辩护制度。我们是否完全可以通过设立对立面，通过对立双方展开辩论的方式获取真相呢？弗兰克指出，带有“狂热偏见”的律师们在“无所不用其极”的调查过程中，有时确实可以为法庭提供一些被忽视的证据，但是立足于保障当事人利益的律师，也常常会阻碍关键证据的揭示，或者对这些关键证据予以歪曲。在交叉询问的环节，律师常常刺激急躁但诚实的对方证人，使他们暴露弱点，失信于法官或陪审团，使事实审查的结果最终导向有利于其当事人的方向，从而不可能为案件审理提供客观无偏的证据事实。

同样，专门为解决事实认定问题设立的陪审团制度，这一英美法系特有的传统制度设计，在现代司法实践中，也逐渐暴露其非理性的特点。其中最重要的缺陷，在于“概括裁定”的制度设计。也就是说，陪审团对事实的认定只提供结论，而不提供理由。并且在很多刑事案件中，虽然法律程序要求陪审团遵从法官指示，但实际上，陪审团常常无视法官指示，并且一旦陪审团作出裁定，这种裁定就是终局的，法官必须遵从。弗兰克通过大量证据质疑说，即便陪审员了解规则，但他们真的能够公正无偏地履行职责，冷静权衡吗？那些“偏见先生”和“同情小姐”，他们好像专心致志地思考案件，但实际上，这12个人的心各有所属，他们心不在焉，想着自己的工作、生活琐事或者仅仅就是在异想天开罢了。

而在法官方面，理性主义者描述的那种司法过程中大前提、小前提和结论的逻辑推理也不存在。弗兰克根据心理学格式塔理论指出，所有的思维活动从来不是按部就班、程式化的。相反，人们对情景的反应是综合之后的产物，是整体组合后的反应。它不是感官片段的简单组合，而是像音乐的旋律和乐符的关系，综合之后的整体大于其组成部分的总和。初审法官的司法判断也实践着某种格式塔。也就是说，法官首先得到直觉指引下的判决结论，然后倒过来，寻找那些使他的判决在逻辑上显得天衣无缝的事实和规则，寻找一些与他认定的事实一致的证据证词，然后将恰当的规则涵摄这些事实。所以，真实的司法推理过程是一种直觉经验的产物，它超越了分析。

作为直觉产物的判决结论，不可避免地受到偏见和情绪的影响。让我们听听弗兰克精彩的描述吧。

> 既然初审法官是人……无数的潜在个性和倾向性，会出现在初审法官形成判断的活动中，这个活动过程正是初审法官确信究竟什么是案件事实的过程。初审法官关于案件事实的看法是无数刺激信号，包括证人的语言、手势、

> 姿态和面部表情——对初审法官独特的人格个性产生作用的结果。反过来说，这种人格个性也是无数因素共同作用的产物，这些因素包括他的父母、他所受的教育、他的老师和同伴、他所认识的人、与他结婚（或没有结婚）的女人、他的孩子、他所读过的书籍和文章，等等。①
>
> 从我个人作为初审法官的经验来看，我可以证明，一个初审法官因为中午吃得太多，在下午开庭时可能昏昏欲睡，以至于他可能没有听到证词中的某个重要内容，并且可能在判决案件时忽略它。蒲伯（Pope）写道，饥肠辘辘听诉案，法官走笔下裁判，绞死倒霉蛋，陪审员好吃饭。狄更斯（Dickens）的爱好者会清楚地记得帕克（Parker）给匹克威克（Pickwick）的忠告："一个善良、知足和好好吃过早餐的陪审员，是胜利的关键。而不满足和饥饿的陪审员，我亲爱的先生，总是会偏向原告的。"②

弗兰克提示我们注意到，对于我们认识真实的司法过程来说，它不仅仅是一个理性思维流动的过程，一个理性探求客观的过程，而且是一个充满了主观色彩的心理过程。这种充满主观色彩的心理过程不仅发生在个体身上，而且还发生在整个审判的交流过程中。弗兰克引述施拉奇的观点指出，充分的交流其实是不可能达成的。一个人对自己的任何一个朋友，即使是对他的至交，也不会敞开自己的隐秘世界，他全部的记忆和经

---

① 〔美〕弗兰克：《初审法院——美国司法中的神话与现实》，赵承寿译，中国政法大学出版社2007年版，第164页。

② 同上书，第175页。

历。（即便）相互之间被感情强烈吸引的两个人，努力使彼此的世界进行更为密切的接触……但是……有时尽管彼此费尽口舌，相互之间的隔阂仍然会是一个令人沮丧的事实。其原因非常简单……每个人都在把他对语词的理解融入他被特定的联系语境所限制的意识里面去，而听到该语词的每个人，他们相互之间的联系语境都是不同的。①

在这样一个充满主观不确定的过程中，甚至作为判断准据的规则也是不确定的。事实中大量的司法造法，已经实质地改变了遵循先例的传统，并且随着社会条件的变化，法典不可能预见所有可能的事实情况，必然诉诸司法解释，需要法官在有机地关联事实与规范的过程中，结合特定情境进行某种创造性的、而不是单纯回归立法原意的解释活动。弗兰克将这种创造性的司法智慧，比喻为现代演奏家演奏古典作曲家的作品，因为完全再现作曲家的心境是根本不可能的，而一件艺术作品能够被多重解释和演绎，本身也证明了这件作品的生命力。但是，为什么，法律人会极力地掩饰这些真相？掩饰这些辩护制度中的非理性因素，陪审制度中的非理性因素，司法判断中的格式塔心理，整个审判交流活动的主观色彩和充分交流的根本不可能达成，以及作为判断根据的法律规则的变动不居？

① 〔美〕弗兰克：《初审法院——美国司法中的神话与现实》，赵承寿译，中国政法大学出版社 2007 年版，第 202 页。

三、原因分析与建议：司法过程中的确定感

弗兰克首先把这种“口是心非”归结于现代的法学教育，即将法律视为科学活动的教育。法律科学，同自然科学一样，是建立在理性层面的。它所研究的是客观存在的由人制定的法。实在法被认为具有普遍、明确、肯定的特征。教材中排除了那些“非科学性”的东西，那些非理性的真实案件资料，被看作较次层次的资料，被当然地排除在大学的课堂之外。而学生们在法学院学习的案例分析，并不是真正的案例，它们只是案例的一小部分，确切地说，那些分析和研讨的判决意见，只是作为结论的案例。所以，在公开的表述中，法律人会有意或无意地选择那些理性的表达方式和内容，因为法律教育告诫他，主观和非理性是不专业的。

除了法律教育、理性教育的影响，弗兰克同样把法律人编织的，初审法院在理性层面运作，在普遍、明确而肯定的规则层面运作的神话，归结为一种心理层面的原因，他称之为“受骗情结”。为什么人们力求客观、理性？因为客观、理性能够给人们带来确定感，这种确定感是人本能的抵制变化、渴望安全的心理惰性。所以，弗兰克认为，这套理性话语，和过去的神明裁判，功能其实是一样的，虽然它们都不能够真正帮助人们抵达客观事实，然而，这是一种安慰、催眠、魔法，它给人们带来了一种确定感。

一种正确态度，弗兰克认为，首先是承认，承认客观事实的不可求得，承认司法活动中的种种非理性和主观色彩，因为

首先司法对公众的坦诚，是民主制度的要求，并且只有直面这些人格因素，意识到这些非理性的存在，法官才会自我反省和自我控制那些偏见和情绪。并且在很多时候，我们不一定要执着于获得客观真相，因为获得客观真相并不是司法审判的唯一功能，在某些侵权诉讼中，庭审为对抗的情绪提供了发泄的途径；在某些商事诉讼中，两个商人需要的，可能是通过司法途径快速有效地恢复彼此的商业交往，结束纠纷。

当然，我们可以通过某些建设性的方案改进审判中的主观因素，减少理性制度中非理性因素对于探求客观真相的障碍。比如，弗兰克提出的陪审制度改革的建议，改变概括裁定，要求陪审团就特定事实问题作出报告意见，由内行或专家参与事实问题的认定和审理，以及进行陪审事务的培训等方案。又如弗兰克提出的法学院改革方案，除了法律科学的学习，还应当让学生走近“活的”法院，特别是初审法院，发现“活的”证据、“活的”法律实务以及“活的”辩护。初审法官不仅学习法律规则以及体现在规则中的价值、政策和观念，而且应当学习与事实有关的知识，比如，与检验证人证词可靠程度有关的心理学知识。

弗兰克继续指出，不确定和非理性，其实也有它积极的效用，甚至会补足理性思维可能导致的危险。确定性和安全感是人类孩童时期的焦虑和渴望，而怀疑现状、探究未知才是情智趋向成熟的标志。法律规则的不确定，司法审判活动中的种种不确定，在充满变动和活力的现代社会，是理所当然的，不需要遮掩和回避。甚至偏见也有其价值。弗兰克这样说，如果没有习得的倾向性，亦即偏见，那么生命就将无法延续。任何习惯都构成一种前见，利益、观点、偏好，等等，这些都是生活必不可少的组成部分。只有死亡才能导致彻底的平心静气，因为这种冷静客观意味着绝对的冷漠。任何人类社会组织都有众多既定的思维定式。从宇宙的角度来看，它们似乎是狭隘的偏见，但是它们却代表着共同体最为珍视的价值观念。这种社会的先入之见，作为价值判断，被特定社会组织的成员们视为理所当然的公理，并作为无言的思维定律加以运用，它们内化到社会的法律制度之内，变成了人们所说的法律的评价体系。公正标准显然不要求法官排除这种社会定势对其潜意识造成的影响。①

作为判断而不是计算的司法审判，要求法官训练自己获得一种超越理性和非理性的能力，获得一种经过训练的直觉，规则不可能准确地规定什么规范适合于哪一个特定案件，他需要将一般规则适用于具体案件，查明具体案件的事实真相，并适当调整规则以适宜于这些事实，在所有环节中既运用理性，也运用心灵。在人工智能和大数据的现代社会，为什么在球场上还需要裁判，审判中还需要法官？正因为驾驭过程中的不确定，是裁判和法官的职责，也是他作为人而不是机器的能力。

---

① 〔美〕弗兰克：《初审法院——美国司法中的神话与现实》，赵承寿译，中国政法大学出版社 2007 年版，第 455 页。

昂格尔

预言法治的未来

罗伯托·曼加贝拉·昂格尔（Roberto Mangabeira Unger），1947— ，巴西裔美国法学家，现任哈佛大学法学院教授，批判法学运动的领袖，著有《现代社会中的法律》等。

研究的英文表达 research，是由表示“一再、重复”含义的前缀 re，和表示“探求、搜寻”含义的 search 构成的。研究的英文表达 research，非常形象地展现了研究的动态过程，即对于目标对象的反复探寻。这意味着，在学术研究中，人云亦云是没有价值的，真正有价值的研究，是在对目标对象的反复探寻中，发现新的东西。

美国现代法学家昂格尔的代表作品《现代社会中的法律》所探寻的目标对象——法治，是一个在法学历史中不断被思考和论说的命题。然而翻阅全书，我们会发现，由昂格尔重新讲述的法治由来以及他所预言的法治未来，比较于他所从事的法学专业，其实体现了昂格尔更大的关怀或者说野心，也就是昂格尔在本书开篇所坦率展现的，一种试图超越前辈思想家的焦虑和野心——超越前人的社会理论，重新塑造思想家所处的现实世界，重新塑造对现代社会的理解、对现代人的理解。

对宏大问题的关心和挑战前辈的野心，非常融贯地体现在他本人的研究经历和职业选择中，从巴西到美国，从学界到政坛，从教授到参与总统大选，以及体现在近些年昂格尔由社会史向自然史的研究转向，从法学专业向物理学和天文学的跨越。在《奇异宇宙与时间现实》中，他挑战宇宙多元论和时间相对论，讲述了一个昂格尔版的自然历史。所以，让我们看看这样一个学术狂人，对于法治，这个古老、经典又永恒的话题，提出了如何刷新我们耳目的观点。

一、作为特殊历史现象的法治

社会是人的聚合，不同的聚合方式，构成了不同的社会类型和社会秩序。不同的社会，以不同的人际交往规则，团结其成员，约束其群体。法治更被视为现代国家的灵魂。所以，现代社会中的法律，成为昂格尔描述现代社会、阐发其现代社会理论的核心。昂格尔是在一种比较的类型结构中，在个体意识与社会结构的互动过程中，去讲述法治这样一种独一无二的现代社会的法律秩序，从而阐发现代西方文明特质的。

昂格尔勾勒了三种不同的社会类型结构，与之相对的是三种不同的法的类型结构：习惯法之于部落社会；官僚法之于贵族社会；法治之于自由主义社会。昂格尔强调，这些社会概念不是根据时间序列划分，而只具有比较研究的意义。比如，现代社会中的家庭以及家庭成员之间的行为规则，可以类比该比较研究语境中的“部落社会与习惯法”得以解释。

昂格尔所称的部落社会，是一个具有高度同一性的共同体。其成员彼此怀有相互期待的共同信念，效忠并维护共同的道德观念。这些信念、道德的具体表现是公认的、心照不宣的行为标准。所有的交往、交换都在这些标准和惯例的基础上进行。这些行为标准和惯例，就是昂格尔所说的习惯法。习惯法对于部落成员的控制非常强烈，这些行为规则使得部落成员对于自我的成员资格、地位以及所属集团的其他内部人、自己人，有着明确的认知和高度的认同。同时昂格尔以圣经旧约戒律举例，戒律允许犹太人向异教徒索要利息，但禁止犹太人之间索要利息，此类习惯法对于内部人和陌生人，内外有别的行为规范，强化了共同体的自我认同感。

然而，这种共同的行为标准和公认惯例，并不是一成不变的。表面上看，习惯法维系着人际交往和社会团结。但其背后的真正凝聚力量，源于人的意识，即对于共同信念和共同道德观念的确信和忠诚。这意味着，一旦人的确信和忠诚的意识发生动摇，那么共同体也将不复存在。

与社会自发形成的习惯法不同，官僚法是由社会中占统治地位的集团，明确、公开并强制规定和施行的。在官僚法存在的社会形态中，社会关系成为统治者有意识去支配的对象，目的在于维护由专业化和社会分化促成的统治地位和等级关系。而支配力和控制力的体现，便是统治者制定公共规则，即昂格尔所称的官僚法，它所存在的社会形态，便是昂格尔所称的贵族社会。这种规则和社会形态，不是像部落社会那样强化个人的共同体意识，相反，是使个体成员明确意识到自我与他人的区别。

由于个体成员对于共同体并没有高度一致的认同感，所以，法律的强制成为控制社会关系、满足统治者权力利益的工具。然而，单凭暴力，很难产生持久的权威。昂格尔指出，历史上，官僚规则几乎总是伴随着一套宗教戒律。正如传统中国法中礼与法的融合，为君王的自由裁量注入了神圣性。

而现代法治，也就是昂格尔所称的更为严格的法律概念。现代自由主义社会法律秩序中的法，虽然仍然由社会权力机构制定和强制执行，同官僚法一样具有公共性和实在性，却不再作为等级社会维护优势阶层统治的工具，而具有普遍性和自治性的特性。

在昂格尔看来，现代法治与行政分离的自治，以及由法律确认的公民之间的平等，是特定社会结构和意识形态共同作用的结果。这种社会结构打破了贵族社会中最高等级集团占据的支配地位，分化为多元利益集团。同时，在这种社会格局中，普遍存在并信奉一种更高的神圣法则，用以识别或批评由人制定的法律。昂格尔指出，现代欧洲自由主义国家正产生于君主官僚政治、贵族特权和中产阶级利益三者的妥协之中。

但是，如果没有对高于现实社会的神圣秩序的信奉，对由神制定的规范秩序的信奉，多元格局中的政治和社会问题，就会根据当时的政治力量对比，通过灵活的利益平衡予以解决。得益于西欧社会对高于现实的神圣秩序的信念，使得融入了基督教自由、平等观念的法治，成为多元格局中的普遍标准。法律的内容和程序使每一种力量认同，这种安排可以合乎自己的利益，不受另外力量的绝对压制，并可以对其他力量形成掣肘。并且，所有被造物都具有平等价值的宗教观念，从根本上动摇了贵族社会中个人与他人存在等级差别的正当性。这种强大的宗教观念与多元集团结合，形成现代自然权利理论和自然法理论，成为构建现代法治的理论基础。

在这种特定的社会结构和意识形态的共同作用之下，现代法治的产生是一种偶然，是一种特殊的历史现象。其他文明形态中，或者也存在多元集团，或者也存在超验的世界观，然而，这两种因素没有结合在一起，相互作用。昂格尔以古代中国为例。在君主集权的制度之外，并无与之抗衡的政治力量，并且宗教知识始终为政治服务，缺乏如西欧宗教改革后普遍建立的、超越和批判现实的宗教信念。在此社会形态中，法律具有官僚法的公共性和实在性，却因为君主和行政的干预，始终不能产生现代法治的普遍性和自治性。

二、西方法治的理想与现实

法治产生于特定的社会结构和意识形态中，这种结构和意识与部落社会、贵族社会是完全不同的。就多元化的社会格局来说，现代自由主义社会中的法律是“通过害怕而相互制约的工具”，而就现实法之上的自然权利和自然法来说，法治又蕴含了“共同认识和价值观”，一种独特的关于人性的理解——人并不具备天生的、经过培育就可以保证公正秩序的善，但是，人值得作为个人而受到尊重，而且他们有能力在相互尊重的基础上达成关于正确和错误的共识。[①] 于是，法治在这种利益和观念平衡中，被赋予了中立，客观，保障个体平等、自由的理想价值。

在昂格尔看来，法治的这些理想价值，赋予现代文明一种虚幻的光环，它使人误以为现代是对传统的革命，它与前代断裂，并带来了一种崭新的社会生活。然而事实上，昂格尔指出，法治被寄予了过高的期望。法治从来没有达成真正的平等，也不可能真正地客观中立，法治从来没有真正实现它的普遍性和自治性。

部落社会形态中内部人和外部人的界限，从来没有在现代的自由主义社会中真正消失，而是潜隐在民族、种族、家庭和友谊等私人生活领域。加之多元集团之间的合作和利益联盟，

① 〔美〕昂格尔：《现代社会中的法律》，吴玉章、周汉华译，译林出版社 2001 年版，第 104 页。

加强了这种内与外、友与敌的部落时代的观念。而官僚法制的等级制度，仍然在家庭、工作场所以及市场中直接、深刻地影响着个人生活。现实中的不平等，并没有因为法律面前形式上的平等规范，而得到彻底的纠正和改变。但由于多元社会结构较之贵族社会形态更易于变动、开放，使个人有机会和空间改变其社会地位，所以对不平等的现实状况的反应，反而更加强烈。立法的中立很难实现，因为立法过程不可避免地掺入某种政治倾向，而司法过程同样取决于法官在相互竞争的价值观念中的权衡和取舍。

不仅如此，分工和专业化使人向其同伴展现的从来不是一个丰富而具体的人，而是一个职业化的个体以及有限的人性。部落社会的同一信念和道德，以及官僚法制中的宗教观念和各阶层的专属的荣誉感，在现代社会都失去了公共权威的支持，单凭法治根本不能促成现代社会的价值共识。在普遍的价值观的迷失中，个体开始产生对日常工作价值的怀疑，甚至绝望。

为什么法治的现实没有能够实现它平等、客观、中立和自治的理想价值？昂格尔认为，自由主义社会的法治内部，隐藏了一些矛盾冲突的因素，它们就像一些隐蔽的裂缝，一旦暴露，就会损害理想的凝聚力，破坏制度的稳定性。第一，多元的世俗世界，要求特殊和灵活的规则，而超验、宗教的权利理论则要求普遍、稳定的规则。这些被视为理想价值的权利原则能不能随着现实的改变而改变，如何赋予它解释现实的弹性空间，成为诸多宪法要案争议的核心。第二，在自由主义社会，虽然贵族时代至高的优势集团被分化分解，权力由多个集团共同分享，没有谁有支配他人的权力，但现实中，确实有些人、有些集团享有更多的权力。因此，在法治平等的原则下，为追求更多的权力和权威的斗争连绵不绝。第三，法治的实现取决于一个重要前提，即权力是非人格化的，只有非人格化的权力才能受到规则的有效制约，使享有权力的人不能以公谋私，实现立法和司法的客观中立。可是，法治所要求的非人格化，与享有权力者的人性本身存在矛盾，法律的内容和适用过程中，不可避免地受到参与者政治倾向和价值观念的影响。

三、后自由主义时代法治的衰落

当福利国家日趋积极地介入经济和社会生活的规划、安排，法治的内在矛盾冲突不断加剧。世俗世界要求更加特殊和灵活的规则，在立法、行政、司法中，一般性的法律规范和标准的适用范围、适用边界迅速扩张。为现实的平等权利的斗争，要求法律从关注形式公正、程序公正，转向实质的公正，对现实中不利处境的群体予以特别补偿。法律从关心形式到关心实质的转变，需要调动权力享有者的人格因素，能动司法，使法律推理从形式主义转向目的性和政策导向，使法院变得开始像行政机关和其他政治机构那样，思考法律问题……这些变化，严重侵蚀了法治的品质——它的普遍性以及在法律内容、方法、机构、职业方面的相对自治。

在西欧之外的，现代化进程中的亚洲、非洲和拉丁美洲等国家，传统制度与现代法治相互渗透。一些传统因素，非但没有成为这些国家现代进程中的障碍，反而促进了商业、工业等经济技术领域的发展，促进了文化和社会结构的改造。昂格尔列举日本旧式的雇主与雇员的关系、印度的种姓联盟、非洲的城市联盟以及拉丁美洲的家族团体，这些团体势力，不同于自由主义社会中，原子化个体之间的孤立关系，它们利用紧密的、封闭的等级制度，增加了组织上的统一和效忠，为资本的发展助力。

在这种双重的社会结构中，法治与部落社会式的习惯法体系并存。双重的意识形态既相互交织又相互冲突。一方面，等级制度支撑着现代化的经济体制和社会体制；而另一方面，自由主义社会和现代法治文化，呼唤着个人的独立和平等，呼唤对传统等级制度的切割。接受传统主义的观点还是自由社会的文化？是脱离所属团体，获得一种更大意义的自我和自治，还是隐匿个性，依附在影响其生存的稳定的社会背景中？这种在后发的法治社会中的个体的困境，就是昂格尔所说的“文化上的精神分裂症”。①

所以，无论在后发法治社会，还是福利国家的后自由主义时代，法治都不再作为一种进步的、优于前代法律类型的秩序形态，而是与部落时代的习惯法、等级时代的官僚法相互重叠、渗透，同时，它们内在的和相互之间的矛盾冲突，也是永无休止。昂格尔告诉我们，我们可以看见法治的衰落，却难以预见它以后的形态，我们可以预见的是——由于法治内在的以及与传统之间的矛盾冲突，统治世界的法则永远在发生变化，一定会转变成另外的形态，这种形态同样取决于意识形态和社

---

① 〔美〕昂格尔：《现代社会中的法律》，吴玉章、周汉华译，译林出版社 2001 年版，第 218 页。

会结构的变化。这不禁让人想到古希腊哲学家赫拉克利特“万物流变”的观点。正如昂格尔在《奇异宇宙与时间现实》中一再表达的时间观——在时间的长河中，没有任何事物是一成不变的，任何事物都会发生变化，自然规律也无法逃脱这一常性。

附文

法律正义的古典与现代

很多时候，词句是不能够确切地表达真实的意思和感情的。所谓词不达意，其原因，一方面，在于作为输出过程的语词本身，不足以表达人内在的丰富而复杂的思想、感情；另一方面，限于表达人没有具备用以表达自己的充沛的语词资源，或者由于人在选择使用某些语词表达的时候，其实并不真正地了解这些语词的确切含义。

翻译过程中，转译过来的表达和真切含义之间的错位、落差更是如此。比如，“权利”一词，在古汉语中，如荀子《劝学》中的“权利不能相倾也”，指权柄及货财的意思[①]，而对应于西语中的 right 居然指向“正确”“对”的意思，它内含着权利是一种应然的主张或要求。对于“正义”一词的理解，也

① 李贵连：《话说“权利”》，载《北大法律评论》1998 年第 1 卷第 1 辑。

是这样。“有情有义”“义薄云天”，中文语境中具有强烈感性色彩的“义”的含义，是否可以等同于西语中的justice，这个融合了“法官”“审判”“公正”多重含义的语词？在西方思想史中众多思想家、法学家论说的“正义”，也是否真的如同中文语境中“义”，具有强烈主观色彩，评判是非对错，因人而异，因事而异？是否如凯尔森说，每个时代都有一套正义的标准，每个人心中都一套正义的法则？[①] 也是否如博登海默所说，正义有一张普罗透斯的脸，瞬息万变？[②]

本文通过研读西方古典与现代的思想家、法学家的正义论说，发现并非如实证主义法学家的论断，把正义看作一种“主观的”“多面的”的价值判断，相反，从柏拉图、亚里士多德到康德等古典正义论学者，再到拉德布鲁赫、施塔姆勒、马里旦、菲尼斯、拉兹、德沃金、富勒等现代法学家，他们的法与正义的论说，恰恰是要建立理性和客观的价值分析。他们的法与正义的论说，遵循了同一的、源于古希腊的古典正义理论的逻辑结构和价值理念。

一、法律正义的古典框架

苏格拉底、柏拉图和亚里士多德，终结了古希腊智者将知识引入诡辩、怀疑和相对的趋向，他们共同相信绝对价值的存

---

① 〔美〕凯尔森：《法与国家的一般理论》，沈宗灵译，商务印书馆2013年版，第33页。

② 〔美〕博登海默：《法理学——法律哲学与法律方法》，邓正来译，中国政法大学出版社2004年版，第261页。

在，并且认为可以凭借人的理性探求绝对价值，探求真理和真相。而正义，并不是主观的、相对的事物，它就是绝对价值，是可以凭借人的理性认识的客观实在。

《斐多》记述了苏格拉底就义当日与门徒关于正义和不朽的讨论。苏格拉底这样说，绝对的公正、绝对的美、绝对的善，我们认为有还是没有？有，并且这些知识是与生俱来的。不同于那些混合的或综合的、经常变化的、容易消散的事物，至真、至美等抽象实体是真正的本质，不怕被吹散，是永恒不变、始终如一的。

> （认识只是记忆）……我们有感觉之前，早已有了相等的概念了……我们出生的时候就是带着这点知识来的……不仅仅是绝对的相等，也包括绝对的美、绝对的善，以及公正、神圣，等等……凡是我们称为“绝对”的东西都包括在里面了。所以啊，以上种种知识，必定是在我们出生之前都有的……灵魂在我们出生以前已经存在了。[①]

苏格拉底进一步追问，那么，有谁亲眼见过这种绝对吗？没有。苏格拉底用自己求知的经历告诫说，不要靠眼睛、靠感官去看世间万物，去捉摸事物的真相，而是要运用单纯的、绝对的理智，依靠概念，从每件事物中寻找单纯、绝对的实质。

---

① 〔古希腊〕柏拉图：《斐多：柏拉图对话录之一》，杨绛译注，生活·读书·新知三联书店 2015 年版，第 42 页。

> 别像看日食的人那样，两眼看着太阳，看瞎了眼睛。他得用一盆水或别的东西照着太阳，看照出来的影像。看太阳是危险的。如果我用眼睛去看世间万物，用感官去捉摸事物的真相，恐怕我的灵魂也会瞎的。所以我想，我得依靠概念，从概念里追究事物的真相……我思想里的概念，是我用来追究一切事物本相的出发点。①

柏拉图在《理想国》中延续了关于正义的探讨，进一步确定了作为绝对价值和知识的正义，以及正义与理性的关系。柏拉图区分了“知识”和“意见”，正义不是这样或那样的“意见”，而是客观恒常的“知识”。

> 一个人能够认识许多美的东西，但不能认识美本身……只能看到许许多多美的东西，许许多多正义的东西，许许多多其他东西，虽然有人指导，他们也始终不能看到美本身，正义等本身……相反，另一种人，这种人认识美本身，能够分别美本身和包括美本身在内的许多具体的东西，又不把美本身与含有美的许多个别东西，彼此混淆……他是完全清醒的……我们说能有这种认识的这种人的心智具有“知识”，而前一种人……他们的心智有的只是“意见”而已。②

---

① 〔古希腊〕柏拉图：《斐多：柏拉图对话录之一》，杨绛译注，生活·读书·新知三联书店 2015 年版，第 86—87 页。

② 〔古希腊〕柏拉图：《理想国》，郭斌和、张竹明译，商务印书馆 1986 年版，第 221、228 页。

柏拉图从正义的个体推及正义的群体。所谓正义的个体，即表现为一个理性之人的理性状态，理性主宰欲望和意志，自身内在秩序井然。而正义的群体正是由这样的理性之人，能够认识自我，以及认识自我的群体角色的理性个体所构成的。

> 有个人的正义，也有整个城邦的正义。[1]
>
> 我们每一个人如果自身内的各种品质在自身内各起各的作用，那他就也是正义的，即也是做他本分的事情的……两者（理智和激情）既受到这样的教养、教育并训练了真正起自己本分的作用，它们就会去领导欲望……[2]
>
> 每个人必须在国家里执行一种最适合他天性的职务……正义就是只做自己的事而不兼做别人的事……即每个人都作为一个人干他自己分内的事而不干涉别人分内的事……各做各的事而不相互干扰时，便有了正义，从而也就使国家成为正义的国家了。[3]

亚里士多德同样肯定了现实生活中的绝对价值的存在，他的《伦理学》和《政治学》，即讲述了以“善”为目的的理想个体和理想社群。正义正是其中的一种目的、一种善。应该注意的是，这里的“善”并不同于中文语境中的“善”。中文语境中的“善”，指心地善良、纯真温厚，它带有强烈的情感色彩。而在苏格拉底和柏拉图建立的、作为秩序要求的个体正义

---

① 〔古希腊〕柏拉图：《理想国》，郭斌和、张竹明译，商务印书馆1986年版，第57页。

② 同上书，第171—172页。

③ 同上书，第156—158页。

和城邦正义的基础上，亚里士多德为群体的正义秩序建立了一种明确、客观、理性的框架，即作为交往理性的正义。正义从柏拉图对个体和城邦理性秩序状态的静态描述，转向现实生活中个体与个体、个体与群体的应然的交往关系。

这种“应然”表现为合法和均等。亚里士多德明确地界定了什么是正义，他说，“合法和均等是正义，违法和不均是不正义”。① 自此，正义与法律建立了联系。合法，这是正义对个体的要求。亚里士多德强调城邦先于个人、高于个人，整体大于部分；而人是政治动物，天生要过共同的生活，人应服从社群的法律。

> 城邦作为自然的产物，并且先于个人，其证据就是，当个人被隔离开，他就不再是自足的；就像部分之于整体一样，不能在社会中生存的东西，或因为自足而无此需要的东西，就不是城邦的一个部分，它要么是只禽兽，要么是个神，人类天生就注入了社会本能……人一旦趋于完善就是最优良的动物，而一旦脱离了法律和公正就会堕落成最恶劣的动物。②
>
> 一种善即对于个人和对于城邦来说，都是同一的。然而，获得和保持城邦的善显然更为重要，更为完满。③

---

① 苗力田主编：《亚里士多德全集》（第八卷），苗力田译，中国人民大学出版社 1994 年版，第 95 页。

② 苗力田主编：《亚里士多德全集》（第九卷），颜一、秦典华译，中国人民大学出版社 1994 年版，第 7 页。

③ 苗力田主编：《亚里士多德全集》（第八卷），苗力田译，中国人民大学出版社 1994 年版，第 4 页。

> 一个人不应该探求这样一些东西，而是即使选取对自己有利的东西，也要去追求那种既在总体上是善的，而又对自己有利的东西。①

虽然亚里士多德强调城邦先于个人、高于个人，整体大于部分，但是，从一种城邦由家庭自然演进的角度，亚里士多德肯定共同体中“私”的价值。亚里士多德反对那种过分趋于一致的城邦，比如，柏拉图所主张的财产、妇女和儿童的共有。亚里士多德从“自然”的角度论证这种制度的不合理。

> 一件东西要引起人们关心和钟爱，主要有两点，即它是你自己的，并且它是珍贵的，然而，在这样的城邦（共有制）中这两种性质都不具备。
>
> 财产公有私有两种制度都有好处……一般而论应当是私有的。因为一旦每个人都有着不同的利益，人们就不会相互抱怨，而且由于大家都关心自己的事务，人们的境况就会有更大的进展。交换、分享，城邦过度一致，就会失去这些好处。②

均等，则是正义对法的要求，正义要求法律遵循数的均衡。分配的法律正义，根据各自所值的原则，按照各自的价值进行分配，它遵循几何的均等。矫正的法律正义就是矫正和恢

---

① 苗力田主编：《亚里士多德全集》（第八卷），苗力田译，中国人民大学出版社 1994 年版，第 95 页。

② 苗力田主编《亚里士多德全集》（第九卷），颜一、秦典华译，中国人民大学出版社 1994 年版，第 37 页，第 39 页。

复，由加害行为造成的损失与所得之前的平衡，它遵循算数的均等。

> 分配正义是根据各自所值的原则，按照各自的价值分配就是公正，根据分配正义对公物的分配合乎这样的比例：A与B的比，相等于B与C的比。
>
> 矫正正义是交往中的正义，不论好人加害于坏人，还是坏人加害于好人，并无区别……法律则一视同仁，所注意的只是造成损害的大小。到底谁做了不公正的事，谁受了不公正的待遇，谁害了人，谁受了害。由于这类不公正是不均等的，所以裁判者就尽量让它均等……应该做的事情就是，从过大的取出超过中间的那部分，增加到小于中间的部分上去……正义就是在非自愿交往中的所得与损失的中庸，交往以前和交往以后所得相等。[①]

正义的“数”的均衡，并不意味着正义就是一种“计算”，而是具有“相互”的意义，应当在亚里士多德的友爱论中得到理解。如亚里士多德说，友爱是人们选择共同体的初衷，城邦的目标是优良的生活，幸福而高尚的生活，而人们做这些事情都是为了这一目的。[②] 友爱把城邦联系起来，与公正相比，立

---

① 苗力田主编：《亚里士多德全集》（第八卷），苗力田译，中国人民大学出版社1994年版，第99—103页。

② 苗力田主编《亚里士多德全集》（第九卷），颜一、秦典华译，中国人民大学出版社1994年版，第92页。

法则更重视友爱。① 亚里士多德的正义论和友爱论，共同反对那种自爱的、自利的观念。无论是分配的正义，还是矫正的正义，其实质都在于协调爱自己与爱他人的关系——我们不应该过一种自私自利的生活，把所有的荣誉和财富都据为己有，或是伤害、侵犯他人，无论是故意的、还是过失的。当然，人也不应当被要求大公无私，为他人牺牲自我，或者面对侵害委曲求全。

正义是一种客观知识，是理性状态，是交往关系，这种关系是守法和均等，并应在友爱的基础上理解交往理性和正义——古希腊思想家关于法律正义的论说，为西方法律正义理论建立了完整的认知框架，这些观点为后世思想家、法学家的正义论说所继承。

在《法的形而上学原理》中，康德引述古罗马法学家乌尔比安的三句法律格言，总结了古希腊三贤建立的法律正义的认知框架。② 正直地生活，对应于柏拉图所说的作为理性个体内在的正义状态。不侵犯他人，对应于亚里士多德所说的矫正正义的要求。把每人自己的东西归给他自己，则对应于亚里士多德所说的分配正义。

---

① 苗力田主编：《亚里士多德全集》（第八卷），苗力田译，中国人民大学出版社 1994 年版，第 165 页。

② 〔德〕康德：《法的形而上学原理——权利的科学》，沈叔平译，林荣远校，商务印书馆 1991 年版，第 48 页。

二、法律正义的现代表达

当人类历史进入现代，当启蒙思想家们的理论学说，经过暴力革命或社会变革，使民主政治、平等自由的制度设计从理想变为现实，民族国家的纷纷建立，两次世界大战，战后国际格局的变化，科学技术的新发展，城市化、工业化高速发展，全球经济经历的复苏、繁荣、大萧条，非西方国家的独立和崛起，社会主义思潮的传播……新的历史阶段的社会问题引起新一代法学家们对于法律正义展开新的思考：(1) 实质正义与形式理性的冲突和协调；(2) 社会效益与个案正义的冲突和协调；(3) 权利与权力以及权利之间的冲突和协调。在此过程中，拉德布鲁赫、施塔姆勒、马里旦、菲尼斯、拉兹、富勒、德沃金等现代法学家、法律的道德论者，回应同时代的法律的实证分析和功利分析，将法律正义的理解复归古典正义理论中守法与均等、分配与矫正、交往理性与友爱的中道。

1.“守法”与“均等”：实质正义对形式理性的矫正

古典正义理论中的“合法”，体现为现代法治语境中的“法律的形式理性”。法律的形式理性，是韦伯对近现代的以立法和法典形式存在的欧陆法律的总结和概括。形式理性在立法层面体现为追求一种具有普遍性、明确性、肯定性的法律体系，在司法裁判中体现为“三段论”的要求。由法律规则构建的形式理性，极大促进了身份平等的观念和现实，促进了一种理性主义的生活方式。韦伯的“自动售货机”“理性铁笼”的想象暗示了法治的形式理性与法的稳定秩序的必然联系。它是如此的稳定，以至于在极端的设想中，形式理性导向秩序的机械化。“怨毒告密者”“逃兵杀人”等战后的司法难题，使人们认识到，维护或挑战法的秩序和安定、符合或违反法的形式理性，并不足以判定正义或非正义。

卢埃林、弗兰克认为，法律的形式理性其实并不必然导向秩序，法官的行为才是法律正义的决定因素。肯尼迪指出，形式理性和实质正义不仅截然对立，而且可以解释现代西方法治实践当中的一切矛盾。进入 20 世纪福利国家的时代，法律从“规则”的表征，转向“标准、原则或者政策”，以目的、价值作为衡量标准。[1] 昂格尔同样认为，由于福利国家产生，法律从形式正义转向目的性或政策导向的法律推理，从关注形式理性转向关心实质正义。[2]

现代法学家所说的实质正义，其本质就是从“行为—规范”这一实证分析法学对法律问题的简化处理，转向对作为“整体的人”的关注，从形式正义中对人因共同具有理性的一般化的抽象，转向实质正义中对占有的较少社会资源的人的关注。现代法律对差异化的个体的关注，对占有较少社会资源的人的关注，体现了现代正义法理论对古典正义理论中“均等”的重新解读。

① 〔美〕肯尼迪：《私法裁判中的形式与实质》，周林刚译，转引自许章润组织编译：《哈佛法律评论：法理学精粹》，法律出版社 2011 年版，第 401 页。

② 〔美〕昂格尔：《现代社会中的法律》，吴玉章、周汉华译，译林出版社 2001 年版，第 187—188 页。

如拉德布鲁赫倡导，在私法领域，法律应当给予契约过程中的经济力量相对弱小的一方，如对劳动者、雇员等以特别的法律保护。劳动法的本质就在于它对生活的无限接近。它不像抽象的民法一样仅仅看到“人”，而且看到了企业、劳动者、雇员；不仅仅看到了单个的人，而且看到了工人联合会和工厂；不仅仅看到了自由的契约，而且看到了严重的经济上的权力斗争，这种权力斗争才是所谓的自由契约的背景……契约自由制度仅将劳动关系看作两种被同样看待的财产利益，亦即劳动和报酬的交换……将劳动力视为物而不是人……劳动并不是一种和其他财产利益相同的财产利益，而是人整体本身。① 在公法领域，拉德布鲁赫在其论著中，并在担任国家司法部长期间以法律草案的方式，提出多项刑法改革方案。这些方案中，刑罚对犯罪和犯人给予极大的宽缓，拉德布鲁赫解释说，威吓刑法针对行为，教育刑法针对行为人，新刑法只关注人——只存在着人的生命的流动整体，而根本不存在他的单个行为。生命和人是如此难以由个别行为构成，如同海洋并非由海浪构成一样。它们是一个整体，是一个不可分割的整体中的单个行为交织在一起的运动。一个正确的心理学视角的分析过程不是由行为到人格，而是从人格到行为。但是刑事程序的过程却注定要走一条相反的路，从行为到人格，最后触及人性。②

同样，在美国的司法实践中，沃伦法院以最强有力的立

---

① 〔德〕拉德布鲁赫：《法学导论》，米健译，商务印书馆 2013 年版，第 120—121 页。

② 同上书，第 131—132 页。

场，推进对实质正义诉求的支持，对刑事案件中的被告[①]、有色人种[②]、低收入家庭者[③]，相对于公权力的个体权利[④]，给予充分的宪法保护。

在亚里士多德的正义理论中，合法和均等是同一的、正义的要求，不是对立和分裂的。在现代法治理论中，实质的法律正义对人的关心、对人的差异性的关注，同样不意味着法律正义完全抛弃形式理性的要求。拉兹关于法律权威和实践理由的观点，同意以及尊重法律等条件。“只有在人们认为一条如何行动的建议，或者意见表达是一种即便无法评价其合理性亦应遵从的看法时，这一建议或意见表达才被认为是权威性的……只有当相关的个体服从权威的判断，并且不是基于理由的权衡、而是基于权威的指示而行动的时候，权威才能保持行动的协调一致。”“只有当一个人相信一条规则，既是一个有效的一阶理由，又是一个排他性理由时，方才遵守该规则……只有当一条规则是一个有效的排他性理由的时候，它才是有效的。”“法律的规范性问题的关键不在于法律是有效的理由，而在于人们‘相信’法律是有效的理由……我认为，基于信念的解释

---

① Mapp v. Ohio，367 U.S. 643，81 S. Ct. 1684，6 L. Ed. 2d 1081 (1961)，违法搜查或扣押取得证据的排除法则。Miranda v. Arizona，384 U.S. 436，86 S. Ct. 1602，16 L. Ed. 2d 694 (1966)，嫌疑人接受审讯时，辩护人在场的权利。

② Brown v. Board of Education of Topeka，347 U. S. 483，74 S. Ct. 686，98 L. Ed. 873 (1954)，黑人孩子平等受教育的权利。

③ Flast v. Cohen，392 U.S. 83 S. Ct. 1942，20 L. Ed. 2d 947 (1968)，支持对低收入者家庭的教育补助和财政援助。

④ New York Times Co. v. Sullivan，(1964) 376 U.S. 254，84 S. Ct. 710，11 L. Ed. 2d 686，批评政府与公职人员的言论自由的权利；以及1965年通过 Griswold v. Connecticut 案，隐私权一词被注入了自主权的内容。

比基于有效性的解释更加接近真理。”① 以及富勒在《法律的道德性》中提出的，“法治是人们遵守规则的事业”，表达了同样的对于形式规则与公民守法之间的有序互动的主张。“一套法律系统的运作有赖于立法者与守法者之间的合作。法律的成功依赖于公民与政府之间的自愿合作以及负责制定和实施法律的各政府机构之间的工作协调。”“法治的精髓在于，在对公民采取行动的时候（比如，将其投入监狱或者宣布他据以主张其财产权的一份契据无效），政府将忠实地适用规则，这些规则是作为公民应当遵循、并且对他的权利和义务有决定作用的规则而事先公布的。如果法治不意味着这个，它就没有什么意思。”“法律并不是一项指导他人如何去完成一位上级所安排的任务的事务，而基本上是一项为公民彼此之间的交往行动提供一套健全而稳定的框架的事务，政府在其中的角色只是作为一个维护这套系统之完整性的卫士。”②

拉德布鲁赫公式，仍然强调法律秩序，法律规则所体现的法的安宁应具有的优先地位。对战后法律问题的处理，拉德布鲁赫主张，应当尽可能在形式理性的框架内进行论证。正义和法的安定性之间的冲突可以这样解决：实证的、由法令和国家权力保障的法律有优先地位，即使在内容上是不正义或者不合目的性的，除非实证法与正义之间的矛盾达到了一个如此令人

① 〔英〕拉兹：《实践理性与规范》，朱学平译，中国法制出版社 2011 年版，第 63—64 页，第 75 页，第 194 页。关于法律权威的论述亦可参见拉兹：《自由的道德》，孙晓春等译，吉林人民出版社 2011 年版，“第一部分，权威的限度”。

② 〔美〕富勒：《法律的道德性》，郑戈译，商务印书馆 2005 年版，第 253 页，第 242—243 页。

难以忍受的程度，以至于作为“不正当法”的法律则必须向正义屈服。我们不可能在法律不公正的情况与尽管内容不正当但仍然有效的法律之间划出一条清楚明确的界限，但最大限度明晰地作出另外一种划界还是有可能的：凡正义根本不被追求的地方，凡构成正义之核心的平等在实在法制定过程中有意地不被承认的地方，法律不仅仅是“非正确法”，它甚至根本上就缺乏法的性质。①

沃伦法院的司法实践亦是如此。1954年布朗诉教育委员会案件，法官的判决意见并没有直接粗暴地推翻和否定先例中确定的“隔离但平等”的法律标准，而是强调“隔离设施在道德上是中立的”。然而，此案不再适用这个标准，是因为基于现代权威依据，包括一些社会学和心理学的研究证明，“任何教育上的种族隔离制度都会对黑人孩子自尊心造成无形损害”②。

2. 分配与矫正：社会效益与个案正义的取舍

战后的20世纪，西方社会从自由资本主义进入到垄断资本主义阶段，法律在这一时期被要求发挥出更为积极的作用。庞德指出，传统学说和现实生活已经脱节，现在更值得关注的应当是行动中的法律、关注法律的目的。传统法治的目的在于保护个体权利，而现代法治的目的转向社会整体的关注。我们认为正义并不意味着个人的德行，它也不意味着人们之间的理想关系。我们认为它意味着一种制度。它安排和调整行为和社

① 〔德〕拉德布鲁赫：《法律的不法与超法律的法》，舒国滢译，载雷磊编：《拉德布鲁赫公式》，中国政法大学出版社2015年版，第10页。

② Brown v. Board of Education of Topeka, 347 U. S. 483, 74 S. Ct. 686, 98 L. Ed. 873 (1954).

会关系，使生活物资和满足人类对享有某些东西和做某些事情的各种要求的手段，在最少阻碍和浪费的条件下，尽可能多的给以满足。[①] 在司法制度层面，以卡多佐为代表的美国一系列司法实践者同样表明这样的正义观念。Gibson Howard v. The City of Buffalo 案中，卡多佐基于案件社会效果的考虑，即认为支持原告的判决结果将直接威胁城市开发建设，将正义的天平偏向了代表城市整体利益的被告。在判决理由中，判决的正义问题与社会发展、社会利益联系起来。[②] 诚如德国社会学家乌尔里希·贝克的观点，风险社会的核心问题是缓解伤害和分配风险，而法律成为解决这些现代社会问题的工具之一。[③]

法律的经济分析推动了法学与司法中的社会利益观，在司法正义的社会利益观念主导下，20 世纪末期，企业责任受到推崇，以卡拉布雷西为代表的人支持企业责任的理由如下：其一，企业从危险活动中获得好处应当对所引起的事故成本付费。其二，企业责任能够产生威慑作用，促使危险活动更审慎行为。其三，根据货币的边际效益递减的理论，在同等数额下，富人的失落相比穷人承受的痛苦要小。并且，企业可以通过保险将损害赔偿的风险进一步分散。[④] “社会本位”的法治

① 〔美〕庞德：《通过法律的社会控制》，沈宗灵译，楼邦彦校，商务印书馆 2010 年版，第 39 页。

② Gibson Howard et al., Respondents, v. The City of Buffalo et al., Appellants Court of Appeals of New York 211 N. Y. 241; 105 N. E. 426; 1914 N. Y.

③ 〔德〕乌尔里希·贝克：《风险社会：新的现代性之路》，张文杰、何博闻译，译林出版社 2018 年版。

④ 〔美〕卡拉布雷西：《事故的成本：法律与经济的分析》，毕竟悦、陈敏、宋小维译，北京大学出版社 2008 年版。

观念及法律的经济分析方法，意在通过法律，促进社会发展，实现社会资源的优化配置。

然而，必须看到，社会资源的优化配置根本不同于亚里士多德分配正义的理念，分配正义遵循“各自”所值的原则，个体利益是资源分配的起点和终点。而司法正义的社会利益观，虽然涉及分配问题，但它的分配却是以整体利益为出发点和归宿的。

法律正义应当关注个案当事人的权利，还是通过此案实现最良好的社会效果？法律道德论者提出了与法社会学理论、法经济学理论不同的看法。在私法领域，爱泼斯坦、温里布等学者通过强调私法矫正正义的实现，矫正社会利益目的论者错误理解的“分配正义”，强调法官应当关注案件本身，维护案件中当事人的个体权利，而不是把它作为实现社会利益的工具。①

同样，德沃金持续关注和评论美国 20 世纪 70 年代最高法院一系列个人权利的宪法案件，如 1973 年的罗伊案件、1973 年的麦克洛克林案件、1977 年的加利福尼亚大学董事会诉阿伦·贝基案件、1978 年的费尔伯案件等，他认为在难办的案件中，法律原则起着根本的作用。法律原则包含了我们社会政治和生活道德的各个方面，这些道德反映到法律上，正体现为法律对个体权利的尊重和保护。本书各章对法律的自由主义理论进行界定并为之辩护……相对于实证主义的理论……功利主

① 陈皓：《侵权法矫正正义论中的个人主义》，载《法制与社会发展》2014 年第 5 期。

义的理论……这些论文对上述两种理论都作了批评，并强调了一种观念，它是自由主义传统的组成部分，这就是古老的个人人权的观念……我称之为受到平等关心与尊重的权利。[①]

个体利益的保护和社会效果、社会利益的冲突体现在很多重要的、争议性的案件中，体现在法官多数意见和异议法官意见的冲突对峙中。但是，我们同样可以看到这样一种趋向，即个体权利非常曲折、艰难、但最终获得确认的趋向。以美国同性恋者的权利保护为例。在 1986 年 Bowers v. Hardwick 案中，怀特等法官代表多数意见，将此情形界定为“多数人的、长期的对该行为的厌恶”。而布伦南等法官，更倾向于赋予那些能够给个人带来幸福感的行为以法律保护，认为该行为存在的正当性，与多数人的评价无关。[②] 于是“公益派”将同性性行为看作一种犯罪，而“私益派”将同性性行为看作是一种权利。在什么情况下，法律可以宣布一个大多数人并不认可的、被看作挑战了传统道德秩序的、但却是对自己有益的、对具体个人无害的、发生在私密场所的行为是犯罪？按照亚里士多德的看法，他赞同人过社群生活，但他并不赞同人与他人的趋同、集体的过分一致。肯定人的个性化选择、个体发展的多样性、对自己的利益，这样不是破坏公益，恰恰是促进公益的。如果同性行为能够给人带来幸福，又不会对社会产生实质的危害，社会应当对不同于主流价值的个体选择抱有宽容态度，接受他人的不一样。

---

① 〔美〕德沃金：《认真对待权利》，信春鹰、吴玉章译，中国大百科全书出版社 1998 年版，第 1、7 页。

② Bowers v. Hardwick，478 U. S. 186 (1986).

2015年Obergefell v. Hodges案中，联邦最高法院对同性恋的结婚权利的论证，同样建立在该权利之于个体的意义论证之上。肯尼迪大法官首先将权利界定为，自由价值在宪法中的法律化的表达，个体用以定义自我和表达自我的体现。肯定同性婚姻权利在四个方面惠及个体利益：第一，婚姻选择的权利是个人的自主权，是否结婚、与谁结婚，是最重要的自我定义的行为之一；第二，婚姻给希望通过相互承诺进行自我定义的伴侣赋予了尊严、安全感和幸福感；第三，同性婚姻的法律确认为该类家庭抚养子女提供了法律的保护；第四，确认同性婚姻合法，能够切实赋予已婚伴侣以社会物质利益的支持，比如税收、医疗、工伤等与异性婚姻同等的法律保护。面对社会中仍然存在的，也可能是大多数人的异议，大法官明确指出：

> 即使多数公众持反对意见，即使立法机关拒绝行动，也应当维护宪法保障的个体权利。宪法的目的即是“使某些事务不受政治争论的变迁的影响，不受多数民众和政府官员的影响，将它们确立为法院遵守的法律原则”。这也就是“基本权利不受选票控制，不由选举决定”的原因。同性婚姻的支持者在民主进程中占优势还是占劣势，根本不重要。重要的是最高法院现在正要解决的问题：宪法是否保护同性恋者结婚的权利。[①]

---

① Obergefell v. Hodges，135 S Ct. 2584 (2015).

3. 交往理性与友爱：权利与权力以及权利之间的制约协调

（1）权利与权力

对于个体利益的肯定，并不意味着现代正义法理论中个体权利与公共利益隔绝和对立。从一种协调一致的，而不是相互疏离的角度理解个体利益与群体利益，这是古典和现代正义理论的共同立场。如拉德布鲁赫提出以个人自由为内核的社会主义法治理念，以及从基督教“爱人”的角度重新理解个人和共同体的关系。

> 社会主义的社会学表明个别的人不可避免地要置身于共同体中……共同体不是一种人与人的直接关系，而是人通过共同的人的使命而实现的一种结合……真正的同志关系……是同道……基督教同社会主义一样，源于穷人和被压迫民众的运动……社会主义伦理的关键词是团结，而基督教伦理的关键词是博爱。①
>
> 没有爱的正义将会僵化成自我正义，被拟制的爱的生命力迟早会向自我正义进行后果可怕的报复。莎士比亚在《一报还一报》中用摄政大臣安吉洛的形象给我们再现了在自我正义与不正义中失去平衡的法律狂热主义者的形象和被压抑、变得狂野的欲望对自我正义规范的反抗。②

---

① 〔德〕拉德布鲁赫：《社会主义文化论》，米健译，法律出版社 2006 年版，第 7、11 页，第 67—68 页。

② 〔德〕拉德布鲁赫：《法哲学》，王朴译，法律出版社 2013 年版，第 115 页。

拉兹批评了古典自然法理论中将个人与国家对立起来的个人主义观念，拉兹认为，对自由的追求常常被描述为保护个体免受多数人的专制，将权利与权力对立起来，这种解读忽视了共同体的重要性，而个人的繁荣总是离不开他人的。公民的个体权利、契约自由、言论自由等，不可能离开社会的开放的市场、开明的政治气氛而独立实现。福利法提供了许多类似的例子。在英国法中，为人父母的我具有一种权利得到作为孩子利益的定期支付，我收到它是因为我为人父母……要赡养伤残父母或配偶的人具有类似的权利得到税收减免……所有这些权利中，权利并不匹配于其要服务的权利持有者的利益……只有当他人利益通过服务于权利持有者的利益而得到服务时，只有当帮助权利持有者是恰当的方法来帮助别人时，它们才是重要的。[①]

亚里士多德正义论与友爱论的协调，体现在拉兹、菲尼斯等现代自然法学者提出的“共同善”的概念中。在菲尼斯的正义法理论中，个体的善包括生命、知识、游戏、美感、友谊、宗教及实践理性中的自由，而共同体的善，就是正义。

> 共同善，就是允许各人都能达到自己的目标的各种条件的总和。这些条件有助于促进共同体中每个人的个人发展……指一种或一系列因素，作为在某个人实践理性中的考量，这些因素对该人同其他人的合作提供理由，同样，在他人看来，这些因素也为他们提供彼此合作，以及同某

---

① 〔英〕拉兹：《公共领域中的伦理学》，葛四友译，江苏人民出版社2013年版，第60页。

人合作的理由。[①]

正义的要求就是实践理性，即人们爱好和促进其所在共同体的共同善。该词表达了与他人关系中表现的综合美德……正义，作为一种特质，在一般意义上是一种有助于促进其所在共同体的共同善的实践愿望，正义的理论，总的来说，就是整体上为共同善所需要的理论。[②]

在“共同善”的指引下，个人与政府的关系不再是古典自由主义法治理论中的对立，相反，共同善是个人权利的前提：唯有通过集体善才能获得个人自由……个人利益以及实现宗教信仰自由的能力，都有赖于某种公共善的稳固存在。反过来，个体权利依赖集体善，也有助于集体善：权利并非是要使某个团体永远独立。权利意欲培育某种公共文化，它能使人们为作为这类团体成员的身份感到自豪。我们保护这些利益的重要性，实际上源自它们对某一公共文化的促进和保护的助益。[③]

同样，马里旦的人与国家关系的理论，既反对那种绝对主权的国家理念，又不赞同自由主义者倡导的那种国家工具主义。在马里旦看来，人与国家的关系不是优位的、隔离的关系，而是同一的。在法律上，体现为权利与权力的相互制约关系。人民采用选举、言论、压力集团等方式控制政府。同样，国家权力也可以基于必要，对人的权利予以强制。人的生存

① 〔澳〕菲尼斯：《自然法与自然权利》，董娇娇等译，中国政法大学出版社2005年版，第124—125页。

② 同上书，第134—135页。

③ 〔英〕拉兹：《自由的道德》，孙晓春等译，吉林人民出版社2011年版，第236、237、240、241页。

权、自由权、财产权和追求幸福生活的权利，都是自然法的要求，以人的本性本身为依据，但是，这并不意味着它们天然地就拒绝任何限制，或者它们是无限权利。马里旦区分权利的享有和行使，后者要服从正义在每一场合下所规定的条件和限制。如果我们可以公正地将一个犯人判处死刑，这是因为他通过犯罪已使自己丧失了权利，他在道德上使自己同人类共同体割裂开了。①

在权利与权力相互制约的关系基础之上，人与国家，也因共同的正义和法律意识、信仰和互爱意识，融合在一起。马里旦提出并肯定，在某个特定的时刻，公民“愿意为了这一共同体献出他们自己的生命”。

> 政治社会是一个理性创造物，意味着一种理性的秩序。但它并不比人本身更纯粹理性，它也有血肉、本能、情感、反映、不自觉的心理结构和动力，所有这些都受制于一种理念和理性决定的命令。正义是政治体存在的主要条件，但友谊是它真正赋有生命的形式。它想达到一个真正人类的和自由完成的联合。政治体依靠人的信仰和他们的自然禀赋而生存。他们愿意为了它而献出他们自己的生命、财产、荣誉。公民意识就是由这种信仰和互爱的意识以及正义和法律的意识所组成的。②

① 〔法〕马里旦：《人和国家》，沈宗灵译，中国法制出版社 2011 年版，第 88 页。

② 同上书，第 9 页。

（2）权利之间

现代法学家施塔姆勒的《正义法理论》以古典正义理论为底色展开，他试图建立一种普遍有效的方式，对于个体之间冲突意志和权利予以协调。同亚里士多德一样，施塔姆勒理解的正义指向社会外在生活，指向一种个体之间的正确关系，这种正确关系有着“善的目的”指向。正义是对所有自由意志的均衡和协调，个体行为与社会整体的协调，以及冲突个体意志之间的协调。

> 人的法律联合体这个概念的内涵，即这个联合体的成员可以通过聚集在一起来更好地促进他们的目标，每一种法律规则中、每一项具体立法材料，相应地构成这个社会以及其中个体成员的目的的调整器。[①]

并且，法律正义的协调不是人为地设定某种外在的约束和标准，如古典自然法学家们人为预设的各类不同表述的理想法内容，被称为“内容可变的自然法”的那些内容。相反，施塔姆勒认为，法律正义的客观性，存在于人们互动关系中的内在的约束和限制。

当一个行为规则内容的特性与社会理想的思想相符，它就是正义的。[②] 它对应于亚里士多德所说的“合法”，即法对人

---

① 〔德〕施塔姆勒：《正义法的理论》，夏彦才译，商务印书馆 2016 年版，第 169 页。

② 同上书，第 171 页。

的要求；重要的事情是寻找个体相互之间的正确态度和活动。[①] 这种正确的态度和活动，类似富勒提出的“作为互惠的义务的道德”，施塔姆勒将其具体化为尊重的原则和参与的原则，它对应于亚里士多德所说的“均等”。同时这种“均等”并不是康德理解的那种“疏离”的关系——“每一个行为，当它按一般法与其他每个人的自由相协调时，就是正义的”——施塔姆勒的正义法理论同时融合了亚里士多德的“友爱”的要求，他将其具体化为交往之中的“尊重”和“参与”以及带有现代色彩的“合作”和带有宗教色彩的“邻人”的理念。

> 尊重的原则：1. 一个人意志的内容不得被迫经受另一个人任意欲望的控制。2. 每一种法律要求必须如此提出，以使义务人可以成为他自己的邻居。
>
> 参与的原则：1. 一个处于法律义务中的个人不得被任意地逐出一个法律社会之外。2. 每一种所授予的处置能力不得是排斥性的，除非受到排斥的那个人可以成为他自己的邻居。[②]

同样，菲尼斯遵从了亚里士多德从个体外在行为关系的维度理解法律正义，他将此表达为“实践原则”。实践原则同古典正义理论一样，是存在目的指向的。这个目的指向就是古典正义理论中的“善”。在共同善的理念下，菲尼斯将正义解析

---

① 〔德〕施塔姆勒：《正义法的理论》，夏彦才译，商务印书馆 2016 年版，第 178 页。

② 同上书，第 178—179、181 页。

为三个方面：第一，正义处理人际交往关系，只有当存在复数的个体，以及涉及他们状况的实践问题或彼此之间的互动，才会存在正义或非正义的问题；第二，正义处理人际间以“债”为核心的义务和权利关系，人们欠了什么或归还别人的债务，相应的他人有何权利；第三，正义的标准，包括共同体内部分配和再分配的平等原则，也包括对个体交往中打破“平等”状态的矫正，如违反合同义务、侵犯财产权利等。[①] 很明显，菲尼斯对正义标准的论述建立在亚里士多德分配正义和矫正正义的框架之上，但同时，菲尼斯对正义元素的拆分隐含并修正了柏拉图在《理想国》开篇有关正义的三个定义：正义就是“助友害敌”“欠债还钱”“强者的利益”。菲尼斯将“敌与友”的主观论断，修正为现代社会中平等个体之间的关系，将“钱与债”的事实描述，修正为现代社会中“权利与义务”的规范关系，将“强者的利益”改变为对“平等原则”的实践。

三、法律正义的客观性：什么是客观？如何获得客观？为什么客观？

我们已经论证了古典正义法理论中，作为绝对价值的正义理念和它的理性框架，并论证了现代正义法理论的论点以及价值理念与古典正义法理论的同一。然而，现代正义法理论并不当然地预设了正义概念的客观性，相反，他们对该问题进行了

---

① 〔英〕菲尼斯：《自然法与自然权利》，董娇娇等译，中国政法大学出版社 2005 年版，第 132—135 页。

重新的确认和论述——法律正义是相对于主观感受的确定的意志内容，是类似自然法则的，不以人的意志为转移的存在。

施塔姆勒区分了自然正当感和正义。自然正当感，是那种每个人都拥有的对于构成正确东西的强烈个人“感觉”，一种关于必要法律规范的主观“意见”，它寻求的是个体的内在的善良意图。而正义，它是一个客观理性的概念，是一种确定的意志内容，而不是宽宥、仁慈、爱、善意、善良、政策或政治变通……因为依据正义的裁判必须是客观公正的，而不是主观自由的。一种朦胧的仁爱、厚道、怜惜，这种观念是我们必须小心避开的，这是一种幻觉。不加反思地实施一项宽宥行为，被一时的冲动冲昏头脑，这种只考虑一方恳求者利益的行为将构成露骨的非正义而不是其他任何东西。①

菲尼斯将法律正义等同于自然法的原则，他认为，如同数学原则一样，法律正义，或称自然法原则是客观恒定的，并明确将他对法律正义的认识追溯到阿奎那和亚里士多德。菲尼斯引述的阿奎那关于自然法第一原则，即实践原则的不证自明，无源出性的观点，也让我们回想起苏格拉底关于“知识与回忆”的论说。

> （存在于个体行为和社会政治生活中的自然法原则）无论它们在实践中被如何普遍忽视、误用或者挑衅，它们和数学原则一样有效。严格地说，自然法的观点、理论以及学说有其历史，却并不存在自然法本身的历史。自然法

---

① 〔德〕施塔姆勒：《正义法的理论》，夏彦才译，商务印书馆2016年版，第119页。

不可能兴起、衰落、复兴或者展开“永恒的回归”。[①]

阿奎那尽可能明白地断言，自然法第一原则是不证自明的，也是无法证明的。这些原则不是由思辨性原则推论而来，亦非从事实推论而来，不是从人性、或者善恶、或者人的作用等形而上学的命题推论而来，它们具有无源出性。[②]

正义的无法证明，并不代表它不是客观存在，如马里旦说，无法说明、无法理性证明，并不表明这些信念不合理或无效，而恰恰表明了这些信念的“自然性”，表明了它们更大的有效性，表明了它们对人类合理性的超越。马里旦将其称为“禀赋知识”。[③] 这种知识的获得仍然归于理性活动，菲尼斯指出，不是通过“思辨理性”，而是在“实践理性”的活动中“获得”和“体会”的。

借助“实践性 practical”一词（该词贯穿本书始终），我的意思是“着眼于决定和行动”，必须追问，在那种由人们的顾虑、决定和行为组成的研究主题的领域，什么东西被认为是重要的或者有意义的……自然法理论宣称能确定实践性的正确思想的条件和原则，还能确定人与人之间

---

① 〔英〕菲尼斯：《自然法与自然权利》，董娇娇等译，中国政法大学出版社 2005 年版，第 20 页。

② 同上书，第 27 页。

③ 〔德〕施塔姆勒：《自然法理论与实践的反思》，鞠成伟译，中国法制出版社 2009 年版，“第一章，禀赋知识”。

以及个体行为中的善和良好秩序的各种条件和原则。[①]

如果说正义是一种通过理性得以认知的客观存在，这一观点建基于苏格拉底的“相信”，现代正义法理论对法律正义的客观性思考和颇多篇幅的论证，则更多地源于对现代社会“科学和实证”思想背景的回应。

19世纪英国法学家奥斯丁将实证分析方法引入法学领域，观察、解释、分析和阐明“实际存在的由人制定的法”，通过抽象现实法中的概念范畴、类别体系，类似于自然科学认识有机物和无机物中的共同的微观元素，和从宏观展开的分门别类的研究那样，建立“客观的”法学学术叙事。模仿自然科学研究方法的法律科学由此开始，并发展出规范实证分析方法、社会实证方法、历史实证方法、经济分析方法以及语言分析、逻辑分析和心理分析等科学研究方法。

然而，事实上，古典和现代的正义法理论，从正义价值对法现象展开的抽象分析和逻辑框架的建立，与规范分析的视角，以及从社会、历史、经济、语言等分析法现象的视角，具有同样的“思辨的距离感”。这种思辨的距离感，在现实世界之外建立理念的世界，通过现象“看见”本质，正是科学的思维方式和理性的认知方式。而这种思维方式和认知方式，并不是科学时代的原创，它应追溯到

---

① 〔英〕菲尼斯：《自然法与自然权利》，董娇娇等译，中国政法大学出版社2005年版，第10—14页。

柏拉图的“洞穴”的寓言——

> 当一个人企图靠辩证法通过推理而不管感官的知觉，以求达到每一事物的本质，并且一直坚持到靠思想本身理解到善者的本质时，他就达到了可理知事物的顶峰了，正如我们比喻中的那个人达到可见世界的顶峰一样……这个思想的过程叫作辩证的过程……（正如）一个人从桎梏中解放出来，从阴影转向投射阴影的影像再转向火光，然后从洞穴里上升到阳光下……看见水中的神创幻影和真实事物的阴影……看见物质世界中最明亮的东西那样……我们必须要看见的实在就是某一这类的东西。①

通常认为，科学思维具有的优越性，在于它的客观明确，理性和客观能够获得潜于流变之后的“真实”和“永恒”。如笛卡尔指出，真正的知识类似数学思维的过程，即从永远为真的大前提，进行推导、得出结论。法律模仿科学思维，在立法领域，根据人的普遍理性，推演出普遍适用的、可网罗人类社会重要事务、关系和纠纷处理根据的法典，在司法推理中，建立规则和事实的三段论推导，得出判决结论。然而，早在启蒙时代，已有维柯、赫尔德、哈曼等思想家对单纯依靠理性获得认知的可靠性产生质疑。人可以凭借自身而非神力去认识和控

---

① 〔古希腊〕柏拉图：《理想国》，郭斌和、张竹明译，商务印书馆1986年版，第301—302页。

制自身和世界，这何尝又不是人的“相信”？依靠概念、结构、体系对复杂现象的简化处理，何尝不是一种“片面”的、“武断”的理解？与古典正义论学者一样，现代正义法学者认为，正义是客观知识，通过理性认知的过程获得，但同时，它不是单纯产生于思辨理性，而是同源于实践理性和作为感性的禀赋知识，在这个意义上，现代正义论中的价值分析不是反科学、非客观，而恰恰是推进科学思维，以探求正义与法的客观真相的。

现代化的进程，是科学的进程，也是除魅的进程。除魅之后的世俗化，导致了人们对“意义”和“应然”的怀疑、丧失。在古希腊哲学中，生活状态有高下之分，优良的生活由理性指引，理性支配欲望，指向至善。[①] 而在现代社会中，关心“物质福利”的日常生活取而代之。感官欲望大行其道，避苦

---

① “伴随着活动成果的快乐和痛苦，形成人们品质的表征。一个人避开肉体的快乐，并以回避肉体快乐为快乐，这就是节制；而沉湎于享乐的人就是放纵。一个人在危险面前坚定不移，保持快乐至少并不惧怕，这就是勇敢；如若痛苦不堪，就是怯懦。伦理道德就是关于快乐和痛苦的德行。快乐使我们去做卑鄙的事情，痛苦使我们离开美好的事情。以快乐和痛苦调解我们的行为……处理好的人，就是善良的人，处理得不好，就是邪恶的人。”“如若幸福就是合乎德性的现实活动，那么，就很有理由说它是合乎最高善的，也就是人们最高贵部分的德性……这就是思辨活动……这是一种高于人的生活，我们不是作为人而过这种生活，而是作为我们之中的神……如若理智对人来说就是神，那么合于理智的生活就是神的生活。不要相信这样的话，作为人就要想人的事情，作为有死的东西就想有死的事情，而是要竭尽全力去争取不朽。在生活中去做合于自身中最高贵部分的事情。它的体积虽小，但能量巨大，其尊荣远超过一切。这也许就是每个人自己，因为这是它主要的、较好的部分。”苗力田主编：《亚里士多德全集》（第八卷），苗力田译，中国人民大学出版社 1994 年版，第 30—32、226—228 页。

求乐成为生活的主宰，并以为这就是客观真实[①]，而其实，那不过是在“洞穴”中的生活罢了。在这个意义上，古典和现代法律正义的客观叙事，不仅具有科学的认识论的意义，同时赋予现代生活、现代法律生活以客观确实的价值指引。

---

① “自然把人类置于快乐和痛苦两位主公的主宰之下。只有它们才指示我们应当干什么，决定我们将要干什么。是非标准，因果联系，俱由其定夺。凡我们所行、所言、所思，无不由其支配。”“功利原理是这样的原理：它按照看来势必增大或减小利益有关者之幸福的倾向，亦即促进或妨碍此种幸福的倾向，来赞成或非难任何一项行动。不仅是私人的每项行动，而且是政府的每项措施。”〔英〕边沁：《道德与立法原理导论》，叶殷宏译，商务印书馆 2000 年版，第 57—58 页。

后记

我奶奶和一枚纪念章的故事

亲情源于血缘和共同的生活。即便有的时候，彼此并没有多少共同的生活经历，但只要一想起对方是我的爸爸妈妈、爷爷奶奶、哥哥姐姐……与对方的情感就会被自然地唤醒。这种情感完全不取决于对方的优点，或者对方是什么样的人。因为奉行“一代人不管两代人的事”的理念，率性的奶奶没有带过一个孙子、孙女或外孙女。去年过年，回老家新疆，当我83岁的奶奶认真地跟我说，她要把一枚纪念章和我爷爷生前送给她的金戒指“留”给我的时候，我的心里突然涌起一种巨大的悲伤。那个时候，我就想写一篇关于奶奶的文章。不知道为什么我很想要了解，在“奶奶”这个角色之外，她经历过什么，是一个什么样的人。

前几个月，退休的爸爸妈妈回到农场照顾我奶奶。那个时候，我好像才会频繁地往家里打电话，和奶奶通话。我爷爷去世早，她已经寡居几十年了，曾经养过一条小狗，后来小狗也走失了。我常常想她一个人会做些什么，问起来的时候，奶奶就会说，我好着呢，好着呢，你好好照顾自己！也不多聊。奶奶是个性格非常开朗的人，记得奶奶刚退休的时候，在团部市场里摆过台球桌，和年轻人打球，总是赢。奶奶喜欢看书，到我家里拿一本《格列佛游记》看得入神，让我印象深刻。有一段时间，奶奶迷上十字绣，后来眼睛不好，做了手术，十字绣也不绣了。再上点岁数，天气好的时候，她就会拄着拐杖走到团部市场，转一圈，看到认识的老太太，就跟人家开玩笑，聊聊天。在这段时间，越了解她多一点，好像就越喜欢她，在我的生活中、工作中就越多地想起她。

我后来才知道，奶奶留给我的这枚纪念章，当时并不是独赠予我奶奶，而是在新疆维吾尔自治区成立三十周年时，赠予新疆全体屯垦戍边第一代人的。纪念章由细长方形和十三角星形挂坠组成。细长方形以红底金字刻有“1955—1985”，突出纪念章的时间意义。它既是一个集体诞辰的纪念，也是奶奶以及所有屯垦戍边第一代人青春和奋斗的纪念。金色星形坠的背面，以汉维双语、全金色底、全金色字刻有“在新疆工作卅年荣誉奖章”、发赠时间和发赠机关。金色星形坠的正面外圈，是全金色并绘制细条文，好似像章散发出金色光芒。星形坠正面内圈，以红底金色绘制小星，其下绘白色雪山，山下绘城市、良田、牛羊的剪影，内圈的外围以麦穗环绕，并用汉维双语刻有“新疆”，突出纪念章的地域意义。

奶奶 1950 年来到新疆，她是一个事业型、追求进步的女性，在新疆生产建设兵团最基层的地方——农场团部以下的连队——劳动和生活。她给扫盲班的学员上课，也做非常艰苦的体力劳动，打顶尖、拾棉花、掰玉米、搬碱包、拉肥料、挖大渠、割苇子、开荒、修桥，还学过开拖拉机，担任过记工员，并因为干起活来不要命，成为妇女排的排长。也因为干起活来不要命，所以年纪大了身体就很差。特别是因为清理河道和修桥，腿脚要在河水里泡好几个月，得了风湿，现在离开拐杖没有办法正常站立和走动。我的奶奶和成千上万的屯垦戍边的第一代人一样，为兵团建设奉献了自己的青春、健康、儿女、一生。是的，令人感动，也很平凡。

我后来看到一些研究新疆生产建设兵团运行机制的文献，这些文献无一例外把这种勇于开拓、艰苦奋斗的精神，看作是兵团创造巨大成就的能量源泉。不过，我并不认同把这种荣誉视为一种激励机制。对于奶奶来说，这样忘我的劳动，并不是为了获得这些荣誉、获得肯定，而是因为劳动本身就是一种光荣，忘我的奋斗本身就是一种光荣，甚至可能对于奶奶来说，都很难把它看作光荣，因为它是那样地自然。她自己谈论起来的时候，口吻都非常平淡。

当权利时代促使人们去想，我可以拥有什么，我可以得到什么，或者通过种种评价机制去寻找自己位置的时候，我就想起奶奶。有一次，在法律英语课堂上，我介绍了美国的律师执业和法律教育，并和学生用英语讨论未来的职业选择，选择律师还是法官。很多同学选择做律师，当我问到原因的时候，那些最优秀的学生都会非常直白地说，因为可以赚很多钱。那一刻，我怅然若失。我想起我问我奶奶当年那样不爱惜身体，拼命干活，有多少工资。她说 5 天一个“战役”，可以发给一套毛选。所以那个秋天，她一天一个人掰 2500 公斤玉米（请注意是“公斤”），一天拾 120 公斤棉花，所以得到了 5 套毛选，她每年还都会去团里戴大红花。奶奶总说，现在国家给我发很多钱啊，花不完的。她从来没有抱怨过，因为当时拼命劳动不爱惜自己，导致现在她每天都需要承受身体的疼痛。有一天，她还跟我说，她一个人睡不着的时候，就想起以前的事，她说她想把那些事都写下来，还是“很有味道的”。奶奶居然这样总结那些经历，是“很有味道的”。我说奶奶你写啊，写啊。她说，算啦。

写着写着，我突然想到，奶奶留给我的纪念章和戒指，是她人生的两种重要意义：戒指代表家庭，纪念章代表事业。尽管这个大的事业，并没有特别记录奶奶的名字，对于这个大的事业来说，奶奶只是一个平凡的无名之辈。我越来越深刻地感受到，我要记住的、我要记录的，就是这个意思，就是这种奉献、忘我，又把自我牺牲视为理所当然的平淡态度。作为兵团的第三代，作为我奶奶的孙女，我觉得特别自豪。

兵团自建设伊始，就秉承“不与民争利”的原则，他们在荒地开垦，使用极为原始的劳动工具，一手持枪，一手持镐，在工农业零基础上开发建设。在新疆军垦博物馆，我甚至看到有姑娘把自己的长辫子剪下来做成的绳子。他们植树造林、防风固沙、排盐治碱，真正使戈壁变成绿洲，在荒原上崛起新城，他们无偿支援国家建设并且依法纳税。在奶奶身上，在第一代屯垦戍边的兵团人身上，给我留下的最强感受，正是这种对于奉献和牺牲的心甘情愿，强烈的自觉和主动意识，对个人利益得失的坦然和淡然，对响应祖国号召油然而生的使命感。

当我成为一名法律教师之后，在教研工作中，我越来越深刻地体会到，法治不是简单的规则之治，它是从道德情感中生发出来的，规则是共识和公益的凝结。所以，法律教育不是简单地讲授规则和制度，更应当将规则和制度的讲述建基于道德情感、道德力量。最强的社会凝聚，从来不是由外而内的强制，而是个体对于群体价值和群体引领，发自内心的尊敬和认同。现代法治建设，一方面需要建基于道德情感之上的法律；另一方面需要人对团体、对团体价值、对团体法律的认同。只有当个人意志与社团意志发生共鸣，其约束力、团结力、创造力才会强大，就如同兵团建设的伟大成就，成为新中国建设的奇迹一样。

兵团精神是时代的产物，时代在变革，但是我想，就像这枚奶奶留给我的纪念章，它不仅仅是一种纪念，还应当是一种传承。有一节课上，当同学们逐一回答我的提问，回答什么是我们的尊敬，教室空气中产生的那种崇高感受，让我难忘。当国家从纯粹的全民所有制经济逐渐容纳私有经济，当经济的发展允许一部分人先富起来，当“权利”意识和“自我”意识逐渐突出，无私、忘我、为集体事业贡献牺牲而不计较个人得失的态度，就显得弥足珍贵。这种态度，这种精神值得、应当、并且必须通过言传身教的方式影响（而不是简单的教化）我们的学生，使他们懂得在自我利益之外的，那种更为崇高的价值和事业。这并不是可有可无的事物或情感，而是社会团结、社会凝聚和使社会高尚的本源。

我不是在一味地赞美过去，也不是在粗暴地否定现在。我感慨的是那种无功利目的的勤劳、奉献，它可以超越社会形态和价值形态的变迁，非常纯粹、非常可贵！

现代法治思想理论，已经跨越简单的左、右意识形态的分歧，无论是继续捍卫自由主义传统的右派，还是持怀疑论或激进批判的左派，一致认同——个体与共同体的共生关系，寓于共同体之中的个体自由，公民对共同体和共同体法律的尊重，以及公民之间的友爱。法治是对特定时代的公共情感的呼应，它与社会整体的政治文化氛围息息相关，它源于较高程度的个体自觉和公民意识的发展。法治的实现需要法的程序和规则，然而，正如现代法学家们的论断，单纯依靠程序和规则，很难充分实现法治自由、平等、中立、客观的价值理想，因为现代法治建设的根本，在于人的建设，在于理性教育和爱的教育。

感谢我的家人，他们是这些文章的第一读者。

感谢我的学生们，他们的聆听催促我的阅读和思考。

感谢《人民法院报》李邵华编辑对文章的认可，其帮助我实现了专栏作家的梦想。

感谢我的导师徐爱国教授，谨以此书献给他。

陈　皓

2020 年 2 月 8 日元宵节